名古屋の“お値打ちサービス”を探る

喫茶店からスーパー銭湯まで

山元貴継 著
Takatsugu Yamamoto

風媒社

はじめに

名古屋は庶民的、実利的で何がなんでも握ったら離さない、一銭たりともおろそかにしないといった恐ろしいばかりの金銭に対する執着心とともに、商売をしたらけっして損はしないといった野暮ったいが、何ともいえぬしぶとさ、手堅さが目につく。

これは、どんなに世の中が激変しても、自分たちの生活を維持していくためのノウハウを、生活の知恵のように、名古屋の人たちと企業が持っているからだ。名古屋の企業が「不況に強い」といわれるゆえんでもあろう。

いまや、日本経済は未曾有の不況期に直面し、多くの企業経営者は、その脱出に四苦八苦するところとなっている。とすれば、今こそ〝名古屋商法〟が見直され、とり入れられるべきではなかろうか（文献0―1）。

出だしから長文の引用で恐縮だが、この文献はいつ著されたものに映るだろうか。2000年代に入って以降も一向に明確な回復を見せない日本経済の中で、ここ愛知県、とくに名古屋大都市圏は、比較的好調であった雇用と、安定した消費動向をもとに、ひと頃〝元気なナゴヤ〟などと称された。時あたかも2005年には「愛・地球博」が愛知県長久手町・瀬戸市を会場として開催され、こうした〝元気なナゴヤ〟と、名古屋めしに代表されるこの地域の文化が広く紹介されることとなった。こうした動きを紹介したものと映るのではなかろうか。

しかし、先述した文献は1975年、高度経済成長がオイルショックなどによって終わりを告げ、まさに「未曾有の不況」となっていた時期に著されたものである。このように名古屋大都市圏は、経済が好調の時期には必ずしも注目されないものの、不況の時期になると一転して「安定した経済」で注目を浴びることとなる。自動車工業に代表されるような「技術」重視の気質、借金をしない・過剰な投資をしないといった「堅実な商売」は、バブル経済のような時期には大きな利益を求めにくく、地味に映る一方で、経済が大きく傾いた時でも損失は最小限に抑えられ、むしろ少額でも安定した利益を上げ続けることができるとされる。そんな名古屋大都市圏も、この文章を記している2009年から2010年にかけてはさすがに厳しい経済状況に置かれている。現在、よほど日本経済は「未曾有」の状況なのかもしれない。

さて、こうした「堅実な商売」が名古屋大都市圏をはじめとする東海地方の多くの企業の活動に共通して見受けられることは、多くのメディアが伝えるところであるが、それに対して地元の人々も、徹底した消費感覚で臨むことで知られている。その感覚を象徴する言葉として、本書のタイトルに挙げた〝お値打ち〟という言葉がある。この〝お値打ち〟という言葉は、他地域から名古屋大都市圏に来た人々が耳にして戸惑う言葉でもあろう。その言葉は、「お買い得」という言葉にそのまま置き換えることができるような気がするが、どうもそれは違うようであり、ときにはモノやサービスによって「お買い得」と「お値打ち」とが使い分けられているのをみることができる。「名古屋辞典」と称して、こんな記述もある（文献0―2）。

買った後もその商品が長く使えるかという、実質的な感覚が含まれている…

……「お買い得」が買うときに安くて得をするという感覚が強いのに対して、「お値打ち」は、

こうした記述は、名古屋大都市圏の人々が、単に安いモノやサービスに飛びつくわけではないということも示しているだろう。では、具体的に〝お値打ち〟とはどのような感覚なのだろうか。

一方で、全国的に知られることになった名古屋大都市圏の文化として、派手な結婚式と引き出物や、味噌煮込み・味噌カツなどの味噌料理（本来これらは三河地方などの郷土料理に由来し、必ずしも名古屋大都市圏だけの食文化ではないのだが）のほか、メインであるはずのコーヒーを差し置くかのごとく様々な「おつまみ」、いや「おかず」が並ぶ、喫茶店の「モーニング」サービスがある。また近年では、「スーパー銭湯」と呼ばれる、従来の銭湯には無かった豪華な施設を備えた入浴施設が数多く名古屋大都市圏に立地していることも知られるようになってきた。こうした豪華なサービスは、一見すると先述した〝お値打ち〟とは矛盾しているように感じられる。豪華なサービスと〝お値打ち〟感を求める消費感覚とは、どのように共存しているのだろうか。

本書では、そうした、名古屋大都市圏に生まれ育った人々にとっては当たり前の、しかしそれ以外の地域の人々からはともすれば奇異に映る可能性のある〝お値打ち〟という言葉で示される消費

感覚自体と、そうした評価を受けることになる名古屋大都市圏ならではのサービスとの関係を明らかにすることを目指していく。具体的には、名古屋大都市圏とくに愛知県内の各都市でみられる数多くの喫茶店について、その一店一店のサービス内容を基本的には直接問い合わせによりデータ化してみていくことで、その全体像を明らかにする。そして、こうした喫茶店でみられるサービスが、「スーパー銭湯」などの様々な施設でどのように応用されているのかについてもみていきたい。さらには、こうした喫茶店や「スーパー銭湯」が、愛知県内にどのように出店し、地域にとけ込んでいるのかについてもみていく。そして、それらを総合して、名古屋の〝お値打ち〟サービスの神髄とは何かを考えていきたい。

〈名古屋の〝お値打ち〟サービスを探る〉目次

（このうち、第Ⅰ章は中部大学国際人間学研究所『アリーナ』第2号（2005）に、第Ⅲ章は同『アリーナ』第4号（2007）に掲載したものを、今回最新データを入れるなどして書き直したものである。）

第Ⅰ章 愛知県の喫茶店とは ―春日井市喫茶店事情―

本章ではまず、名古屋大都市圏の喫茶店において一般的にどのようなサービスがみられるのかを見ていこう。ここではとくに、愛知県内であればどこでも普通に見られる喫茶店のサービスを紹介する。

総務省統計局からは不思議な資料が公開されている。それが、日本各地の喫茶店数と喫茶代である。それによると、愛知県には1万1290の喫茶店があり（2004年）、また、愛知県の人々は一世帯あたり年間1万2257円を喫茶店において消費している（2003年）。前者は大阪府についで全国2位、後者は近年岐阜県に抜かれてやはり全国2位となったが、それでも一世帯あたりの喫茶代は全国平均の2倍であるという。とくに、飲食店全体に占める喫茶店の店舗数割合は24・3%と、堂々の全国1位である。こうしたことから、愛知県や名古屋市を取り扱ったインターネット・ホームページはもちろんのこと、文献でもその喫茶店事情が数多く紹介されてきた。

例えば、1980年代に刊行された文献でも、「名古屋は喫茶店天国。数もともかく、人口あたりの〝喫茶店密度〟は東京よりはるかに高く、全国一」とあり、すでに早い時期から、名古屋大都市圏において喫茶店が人々と密着している様子が指摘されている（文献1―1）。出典は示さないものの、「名古屋人は他県の3倍（喫茶店に）お金を使うという調査結果もある」と強調する文献すらある（文献1―2）。

その中でも注目されているのは、まさに「名古屋方式」あるいは「愛知方式」ともいえる一風変わった、しかし名古屋大都市圏の人々からすれば当然のサービスである。愛知県内の喫茶店では、主力のコーヒーが比較的低料金に抑えられていることのほか、コーヒーのみを注文しても、必ずといっていいほどピーナッツやあられなどのおつまみが添えられる。とくに、早朝から午前11時頃にかけて「モーニング」サービスが行われることは有名である。時間中に「モーニング」として注文すると、コーヒーに加えてトーストやゆで卵（写真1―1）、サンドイッチやサラダ、果てはおにぎりが出される店舗もある（文献1―3）。

写真 1-1　春日井市における「モーニング」サービスの一例（2006 年 12 月 20 日撮影）

このようなサービス競争は、名古屋大都市圏における喫茶店店舗数の多さから生み出されたことは間違いないが、競合してお客の奪い合いにならないのかという疑問がつきまとう。しかし、これに対しても名古屋大都市圏では、独特な「チケットサービス」で、いったん掴んだ常連客をがっちりと囲い込んでいる。そのチケットには上部にお客の名前を書く欄が設けられており、例えば11～12枚綴りとなっていながら、10枚分の値段で購入できる（写

写真 1-2「コーヒーチケット」
※すでに２回分使用したもの

写真 1-3 「コーヒーチケット」を入れておくボックス
(2006 年 12 月 20 日撮影)

真1―2)。前もってこのチケットを購入しておけば同じ料金で1〜2回分多く利用ができる、といえば当たり前に聞こえるが、名古屋大都市圏の多くの喫茶店では、お客のチケットは店舗側に預けられ(文献1―4)、店内の壁などに留められる。お客が来店し利用すれば、顔を見て店員がそのお客のチケットを一枚ずつちぎっていくのである。常連客が多い喫茶店では、お客の名前順に仕分けしてチケットを置いておけるボックスを常備している喫茶店さえみられる(写真1―3)。店員とお客との間に交流があり、信頼関係があってはじめてなり立つシステムであり、チケットを購入したお客はその店舗を「なじみの喫茶店」として固定する。

ほかにも、1970年代までに日本各地で数多くみられていた「マンガ（漫画）喫茶」は、名古屋大都市圏においては「一冊あたりいくらで料金を支払う」形ではなく、「入店料としてコーヒーを頼みさえすれば、あとは何冊でも読み放題」というシステムをもって新たな展開をみせている。このように名古屋大都市圏における喫茶店は、あらかじめ料金を支払いさえすれば、利用を続けるほど支払った額よりも多くの、または想定していた以上のサービスを受けられるのが常識というシステムを確立しつつある。

ただし愛知県内でも、こうした文献の通りに喫茶店が密集していると感じられる地区がある一方で、喫茶店があまりみられない地区もみられるようである。そして、愛知県の喫茶店の立地についての説明は、大きく分けて「ビジネス街に多い」派と「郊外こそ多い」派に分かれる。前者については、「（名古屋で喫茶店が）とくにビジネス街に集中しているのは、喫茶店を応接室代わりに使うためだ。事務所の貴重なスペースを応接室にさくより、手近な喫茶店で済ます」といった指摘がなされている。一方で後者については、「カフェ」と呼ばれるスタイリッシュな雰囲気の店よりも、レトロな昔ながらの「喫茶店」が名古屋の喫茶店の8割を占めている（文献1―5）としつつ、それらの店舗が名古屋市内から離れた一宮市や師勝町（現・北名古屋市）、春日井市などの国道や県道沿いに多く目立つ（文献1―6）といった指摘がなされている。そこでは、名古屋大都市圏の郊外にマイホームを持つマイカー通勤族が多く、朝早く出勤するビジネスマンのために、喫茶店が「モーニング」サービスを用意して迎えているとされる。

そこで本章では、こうした名古屋大都市圏の郊外に位置する春日井市において、各種喫茶店がどのように展開しているのかを、具体的なデータをもって紹介していくこととする。

＜愛知県春日井市について＞

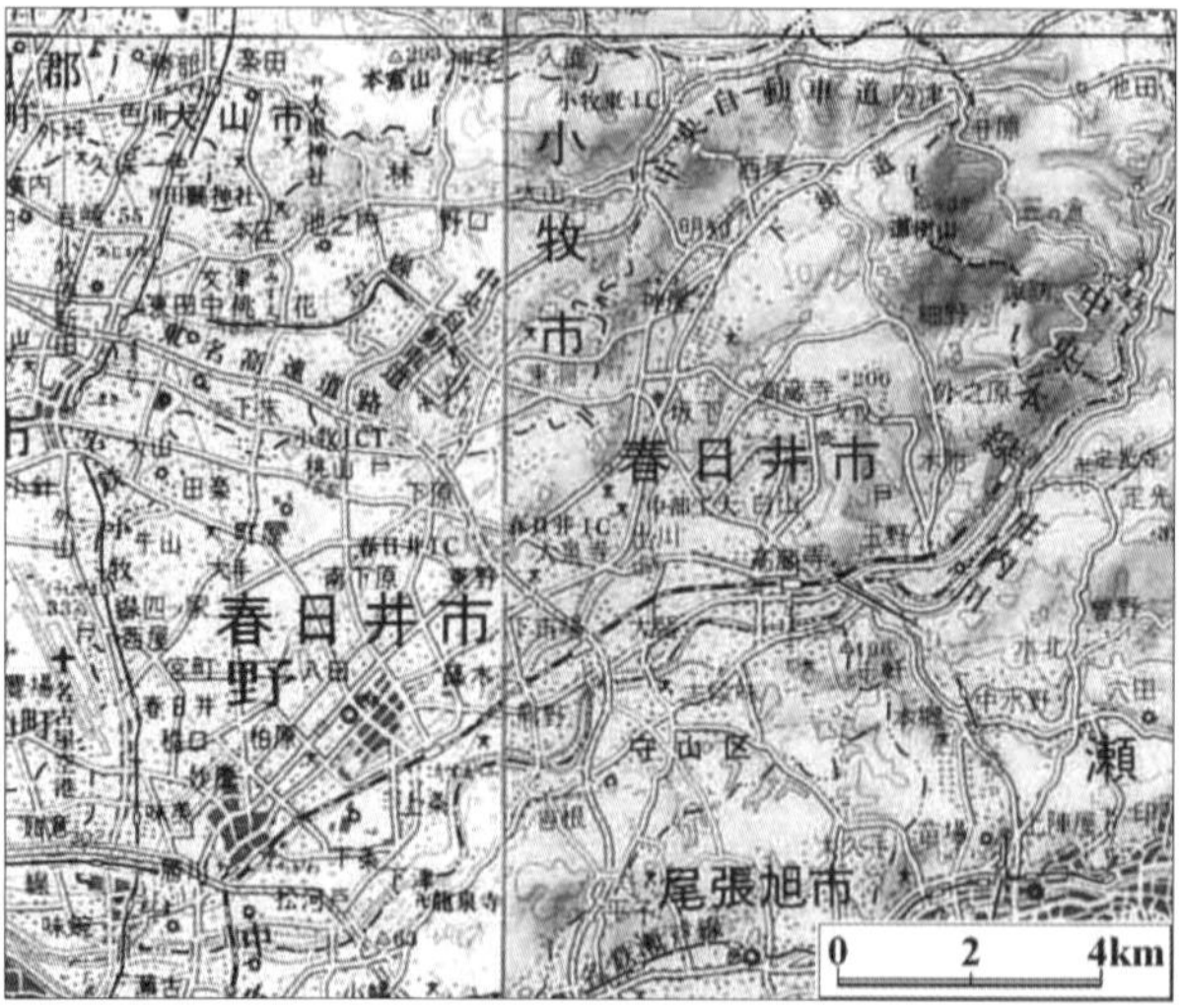

図 1-1　愛知県春日井市の概要
（2002 年編集 1:200,000 地勢図「岐阜」「飯田」「名古屋」「豊橋」より）

春日井市は、愛知県の県庁所在地である名古屋市の北東に位置し、東側を岐阜県多治見市、北側を愛知県小牧市、南側を名古屋市守山区および愛知県瀬戸市に囲まれている（図1―1）。春日井市は、古くから宿場町などとして栄えてきた現在の市域の西半分の範囲をもって1943（昭和18）年6月に市制施行し、その後1958（昭和33）年1月に、当初の市域の東側に位置していた東春日井郡高蔵寺町・坂下町と合併し、現在の市域となった（文献1―7）。

春日井市は、JR（かつての国鉄）中央本線が南西方向から北東方向に伸びる市域を横断する形で通過し、市の西端を名古屋鉄道小牧線がかすめているといった条件もあって、第二次世界大戦前からとくに市域の西側には、住宅や工場が数多く立地してきた。さらに、名古屋市と長野方面とを結ぶ国道19号線が中央本線と同様に市域を横断し、それと交差する国道１５５号線も市内を走っているため、春日井市は、名古屋大都市圏の中でも恵まれた交通条件を持つ都市として成長してきた。また、開発が遅れてきた市の東部も、１９６０年代の中央本線複線電化や愛知用水の完成を受けて、名古屋大都市圏都心部での住環境悪化の抑制を目指し、計画的な住宅都市を郊外に建設する「ニュータウン」計画の対象となった（文献１―８）。高蔵寺駅北側の丘陵地帯を開発し、計画人口10万人を目指した「高蔵寺ニュータウン」計画は、１９６１年から策定され、若干の計画区域の減少を経て１９６８年から分譲が開始された。こうして、１９５８年に人口７万３０５１人だった春日井市は、いわゆる高度経済成長期（１９５０年代後半―70年代前半）に人口が急増し、２００５年12月末現在では面積92・71平方キロメートルに人口30万９２４４人が住む都市へと成長した（文献１―９）。このような経緯から春日井市は、古くからの中心地であった西側の勝川、鳥居松（現在の市役所周辺）と、１９６０年代以降になって新たに開発が進められた高蔵寺駅北側とが両極となって市街地を形成している（図１―２）。

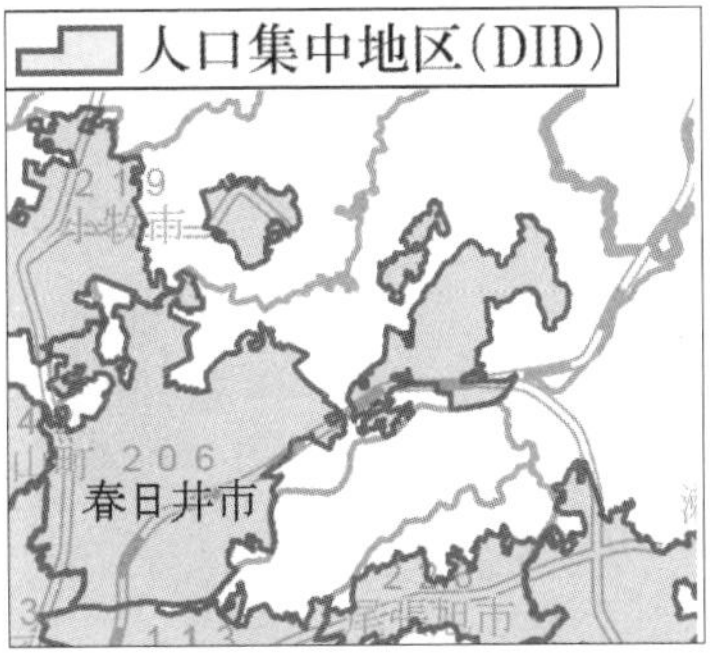

図 1-2　愛知県春日井市の市街地（人口集中地区）
（図 1-1 と同範囲。人口集中地区（DID）とは，１平方 km あたり人口が 4,000 人を越えている地区）

なお、高度経済成長やモータリゼーションの到来に伴って次第に交通量を増していった国道19号線は、交通量の増大に伴い発生するようになった春日井市内での交通渋滞を緩和するために、それまでのルートの北側に平行するようにバイパスが造られていった。市の中央を縦断する東名高速道路に設けられた春日井インターチェンジを挟んで南西側、すなわち名古屋市寄りの春日井バイパスは、１９６２（昭和37）年度に調査が開始され、１９６４（昭和39）年度から工事が着工された。北東側の内津バイパスも１９９４年までにかけて段階的に整備された。その結果、かつての国道19号線のルート（旧道）は現在では県道５０８号線となったが、この県道も依然として交通量が多い。

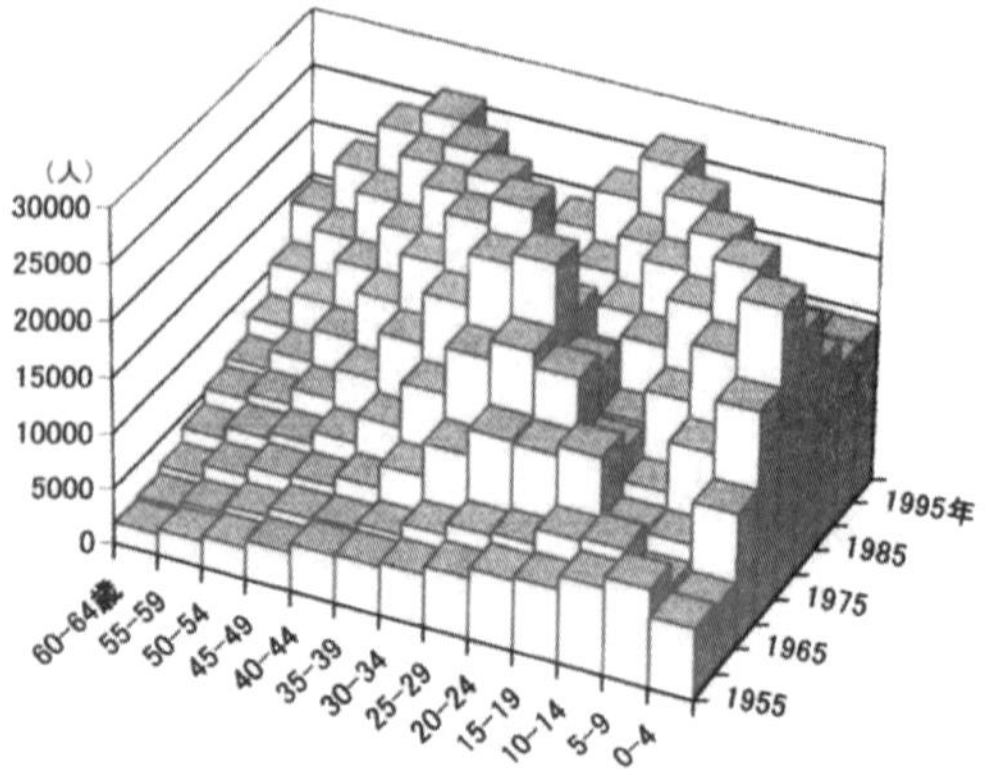

図 1-3　春日井市の年齢構成の変化
（『図説 大都市圏』による。国勢調査のデータをもとに、横軸に年齢構成（5 歳ごと）を、縦軸に年度（5 年おき）を置く。ベビーブーム世代が 1970 年代に市内に大量流入していることが分かる。）

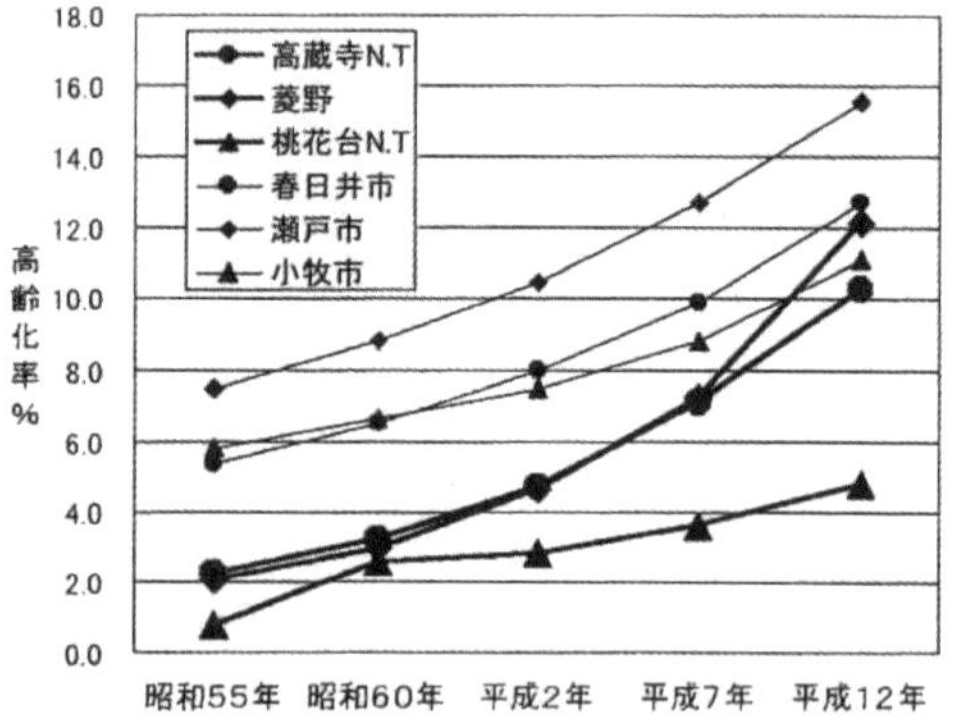

図 1-4　高齢化率の推移（『幻の都市計画』より）
（愛知県企画統計課「あいちの町丁字別人口（1980 年国勢調査、昭和 60 年国勢調査、平成 2 年国勢調査、平成 7 年国勢調査、平成 12 年国勢調査）」）のデータより作成。なお高齢化率は 65 歳以上人口の割合）

こうして、高蔵寺ニュータウンの立地をもって30万人の人口を擁するベットタウンとなった春日井市であるが、その生い立ちゆえに、年齢構成が極端に偏るといった問題も抱えている。春日井市は、ニュータウンの分譲が進んだ１９７０年代に入居した当時30歳代の住民、すなわち第一次ベビーブーム世代が市の人口の多くを占めている（図１―３）（文献１―10）。その結果、それらの世代が60歳代となった２０００年代には、急激に高齢化が進行しつつある（図１―４）（文献１―11）。

＞データでみる春日井市の喫茶店＜

ところで、ひとえに喫茶店といっても、実際には多くの種類がある。ＮＴＴのタウンページ（電話帳）でも、「喫茶店」のほかに、「カフェ」や「コーヒー専門店」といった業種区分が見受けられる。さらには「カラオケ喫茶」や「マンガ喫茶」もあり、店内で自由にインターネットを楽しむことのできる「インターネットカフェ」も、広義の喫茶店の一種であろう。なお、こうした電話帳での区分は、ＮＴＴがある年度をもって新設するものらしく、「インターネットカフェ」は２０００年度に、「カラオケ喫茶」は２００１年度に新設された区分だという（文献１―12）。これらの区分について一般的には、１９５３年に制定された食品衛生法施行令に基づき、喫茶店営業とは「喫茶店、サロンその他設備を設けて酒類以外の飲み物又は茶菓を客に飲食させる営業をいう」といった規定をもとに、アルコールの提供を行わないのは「喫茶店（または純喫茶）」、行うのが「カフェ」といった説明がなされることが多い。しかし「コーヒー専門店」なども加えると法的にも厳密な区分を求めにくく、どれを名乗るのかは、実質的に自己申告によるものとなる。

そこで今回、愛知県春日井市内の各種喫茶店について、電話帳などから計364店舗をリストアップした。その上で、各店舗に対して直接の訪問あるいは電話による聞き取り調査を行い、延べ156前後の店舗について、そのサービスに関する詳細なデータを得ることができた。ここでは、それらのデータをもとに、春日井市内の各種喫茶店についての分析を試みる。

まず、電話帳での区分に加え、聞き取り調査における確認を経て各店舗の区分を試みた結果、圧倒的に「喫茶店」を名乗っている店舗が多いことが明らかとなった。先述した364店舗のうち、260店舗が「喫茶店」を、30店舗が「カフェ」を、22店舗が「コーヒー専門店」を名乗り、これに34店舗の「カラオケ喫茶」と、18店舗の「マンガ喫茶」を加えることができる。ただし、調査の過程において、「カラオケ喫茶」で聞き取りを拒まれるケースが続出したほか、聞き取り調査の結果としても、あえて電話帳への記載や広告掲載を断っている店舗が複数以上あることが判明しているので、「カラオケ喫茶」の店舗数についてはあくまで参考としたい。いずれにしても、人口30万人の春日井市における各種喫茶店の総店舗数は、先の総務省のデータによる愛知県全体の平均（人口千人あたり1・81店舗（全国1位））で換算すれば540店舗前後はあるはずであることを考えると、必ずしも多いとはいえない。ただし、この県全体の平均は、人口220万人に約6000店舗の喫茶店がひしめく名古屋市に引っ張られた数値であろう。

次に、各種喫茶店におけるサービスの比較を行う。各店舗の開店時間・閉店時間などの営業時間についてみてみると、「喫茶店」「カフェ」「コーヒー専門店」の開店時間は、いずれも午前6時から8時にかけての早朝時間帯に最も多く集中している（図1—5）。この中で「カフェ」や「コーヒー専門店」は、「喫茶店」に比べてその開店時間が分散している。「カラオケ喫茶」では正午近くなってから開店する店舗が目立ち、「マンガ喫茶」では24時間営業が当然のように行われている。一方で閉店時間は、「喫茶店」は午後6時前後に集中し、「カフェ」の閉店時間は約一時間遅れて午後7時前後に集中する。「コーヒー専門店」は午後11時前後まで営業している店舗も少なくない。このように、「喫茶店」は早朝から夕方までのサービスに徹しており、「カフェ」は夕食時間に相当

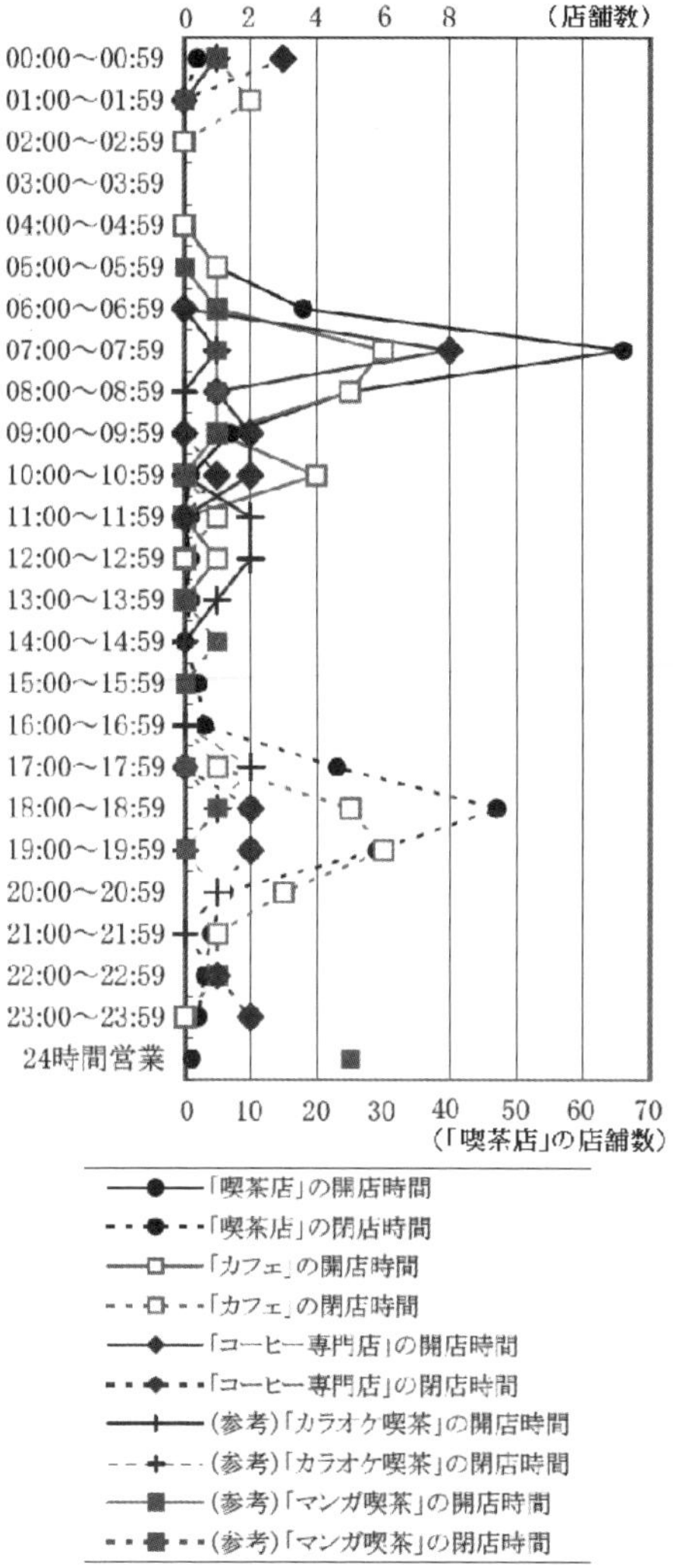

図1-5　春日井市における各種喫茶店の営業時間（計156店舗のデータより）※「喫茶店」のみ目盛りが異なる

表 1-1　春日井市の各種喫茶店における「最も安いコーヒー」の料金
(2005 年 9 月現在：計 156 店舗)

	最も安いコーヒーの価格															平均
	250円	280円	300円	315円	320円	330円	350円	360円	367円	368円	370円	380円	400円	420円	500円	
喫茶店	1	2	**31**	1	3	17	**41**	3	4		2	4	3			335.1円
カフェ							**8**		1	1		**4**	1		1	372.2円
コーヒー専門店						1		**4**			2		**8**			380.7円
(参考)カラオケ喫茶			1				1						**3**		1	391.7円
(参考)マンガ喫茶			1				1						**4**	1		381.4円
計	1	2	33	1	3	18	51	7	5	1	4	8	19	1	2	341.7円

※各種喫茶店がそれぞれ料金として多く挙げた上位二位(「カラオケ喫茶」「マンガ喫茶」を除く)の価格をゴシック体とした。

する時間まで、「コーヒー専門店」は夕食後を含めた時間までの来店客をターゲットにしているといえる。

続いて、サービスおよびその価格帯についてみてみる(表1―1)。「喫茶店」および「カフェ」では最も安いコーヒー(多くはアメリカンコーヒー、ブレンドコーヒー)の料金設定は350円前後に集中しており、中でも「喫茶店」は、300円という料金を設定している店舗も多い。一方で「コーヒー専門店」などは、幾分高い400円という値段設定が普通である。この中で春日井市でも、各種喫茶店の多くで午前中の時間帯に、コーヒーに加えてトーストやサラダなどを配した「モーニング」サービスが実施されている(表1―2左)。そして、その大部分の店舗において、最も安い飲み物と同じ料金のまま、すなわち、コーヒーなど単品に追加料金なしで「モーニング」サービスを頼むことができる。もちろん、店舗の中には「モーニング」サービス自体を実施していない店舗や、コーヒーになどに追加料金を支払ってもらうことによって「モーニング」サービスに切り替える、あるいは、サラダなどを加えたより豪華な別料金セットとしての「モーニングセット」のみを設定している店舗もみられる。しかしながら、サービスとしての「モーニン

表1-2　一宮市の各種喫茶店における各種サービスの実施状況
(2005年9月現在：計156店舗)

	「モーニング」を実施		非実施	アルコールの提供	
	コーヒー料金と同じ料金	コーヒー料金＋αの料金		あり	なし
喫茶店	110	2	4	33	**81**
カフェ	11	2	2	**11**	6
コーヒー専門店	8	1	3	4	**7**
(参考)カラオケ喫茶	1	0	0	**6**	1
(参考)マンガ喫茶	8	0	5	1	**6**
計	138	5	14	55	101

※「モーニング」の実施，アルコールの提供のいずれかのみを回答いただいた喫茶店もあり，総計は一致しない。
※アルコールの提供については，有無のうち多かった側の店舗数をゴシック体とした。

グ」を掲げつつ実際にはコーヒーなどの飲料以外の料金を求める店舗の比率は、「コーヒー専門店」よりも「カフェ」、それよりも「喫茶店」で低くなっていく。とくに「喫茶店」では、「モーニング」サービスを頼むのに追加料金を支払わなければならない店舗はまずまれであろう。マンガ喫茶のみは、「モーニング」サービスが一般的ではないか、マンガ喫茶では入店時に頼むコーヒーの料金がマンガの閲覧や座席の確保の対価として設定されているため、それ以上のサービスを実施することは難しいものと思われる。

最後に、各種喫茶店のサービスの中でも、アルコール飲料の提供についても聞いてみた（表1―2右）。なお、アルコール飲料とはいえ、実際にはメニューにビールが含まれている程度の店舗が多い。これについては、「喫茶店」と「カフェ」の違いがかなり明確に表れた。「喫茶店」ではアルコール飲料を提供している店舗は少数派である一方、「カフェ」では比較的普通にアルコール飲料が提供されている。「カラオケ喫茶」ではそのほとんどの店舗でアルコールが用意されている。

このように今回、春日井市内の各種喫茶店に対して行った聞き取り調査の結果からは、各店舗がそれぞれ自己申告的に名乗り出てい

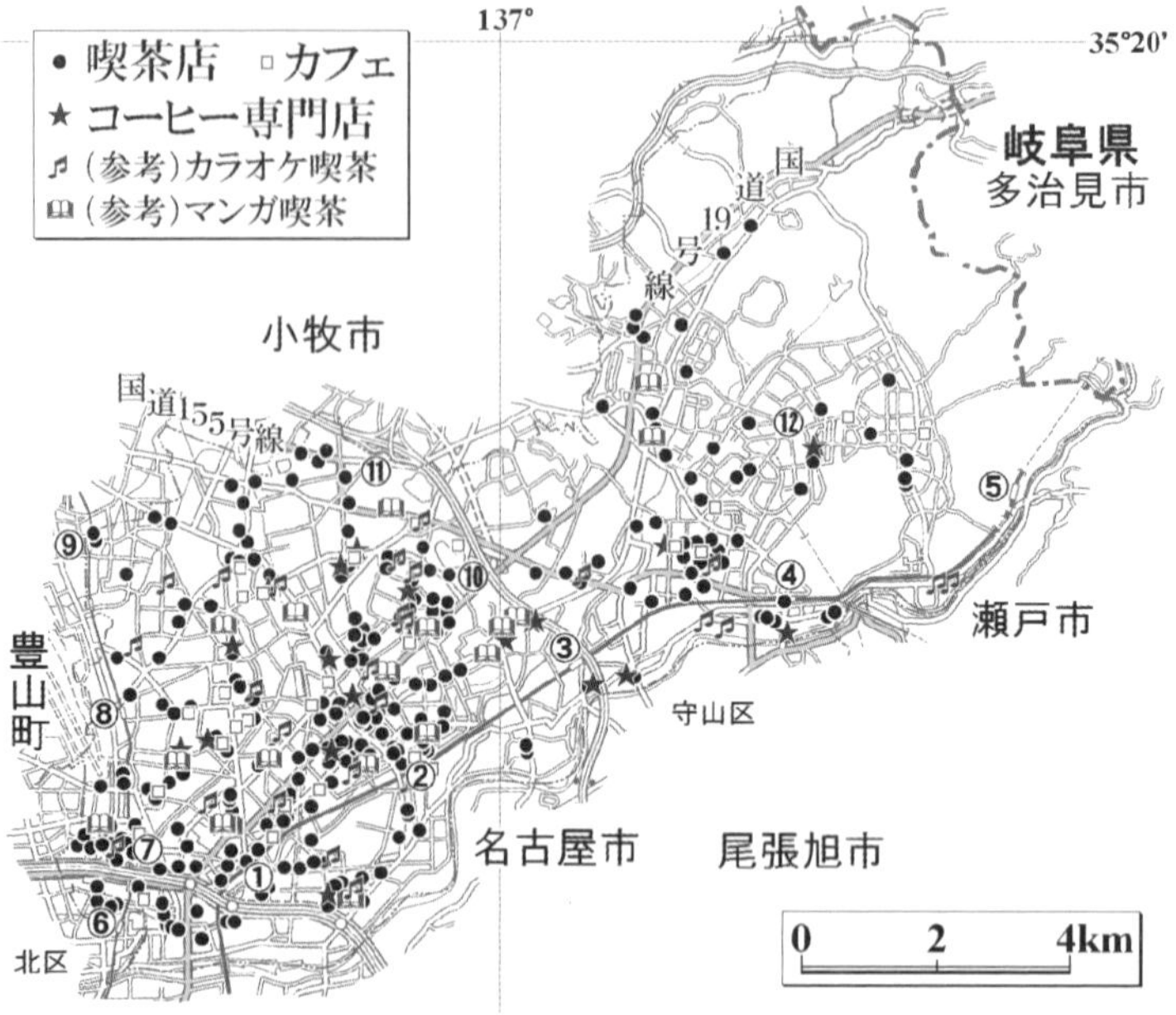

図 1-6　春日井市内における各種喫茶店
(2005 年 9 月現在：電話帳など各種データに基づく)
① JR 勝川駅，② JR 春日井駅，③ JR 神領駅，④ JR 高蔵寺駅，⑤ JR 定光寺駅，⑥名古屋鉄道味鋺駅，⑦名古屋鉄道味美駅，⑧名古屋鉄道春日井駅，⑨名古屋鉄道間内駅，⑩東名高速道路春日井インターチェンジ，⑪小牧ジャンクション，⑫高蔵寺ニュータウン

ると思われた「喫茶店」「カフェ」といった区分が、ある程度サービスの違いを反映していることが明らかとなった。

〈春日井市における喫茶店の出店状況〉

春日井市内における各種喫茶店の立地についてもみてみる。電話帳などから得られた各種喫茶店の住所をもとに、その場所を地図上におとす「アドレス・マッチング」を行った結果が、図1―6である。春日井市内において各種喫茶店は、東名高速道路の春日井インター付近と、岐阜県との境界線近くに広がる山地といった「空白地域」を除き、市域全体に広く立地している。東名高速道路よりも西側に偏ったこの立地の範囲は、先述した春日井市の市街地（図1―2）とよく一致している。各種喫茶店が、人口の密集した地区を狙って出店した様子がよく分かる。とくに、名古屋鉄道味鋺《あじま》駅付近と春日井市役所東側（写真1―4）、高蔵寺ニュータウン南西の白山町などには、ほとんどすき間無く店舗が密集しており、一見して、お客の奪い合いである「競合」となりかねない状況となっている。

写真1-4　春日井市内での喫茶店「激戦区」
（2006年12月20日撮影）

続いて、こうした春日井市内への喫茶店の出店がこれまでどのように進んできたのかを、聞き取り調査を行ってデータを得られた、延べ156店舗の開業年をもとに検討する。まず、春日井市内において、今回データを得られた喫茶店の中で最も開業が早かった店舗の開業年は1961年であった。もちろん、かつては営業していたが閉店してしまった店舗も相当数あるとみられるため、各時期の立地状況を正確に反映しているとはいえないが、その後の春日井市内への各種喫茶店の出店は、毎年恒常的にみられるのではなく、出店の集中する特定の年が続いたり、一方で全く出店の見られなかった年があったりした可能性があることが明らかとなる（図1―7）。得られたデータをもとにすると、春日井市内の各種喫茶店の出店時期は、大きく分けて4つに分けることができる。さらに、それぞれの時期では、同じ春日井市内でも立地

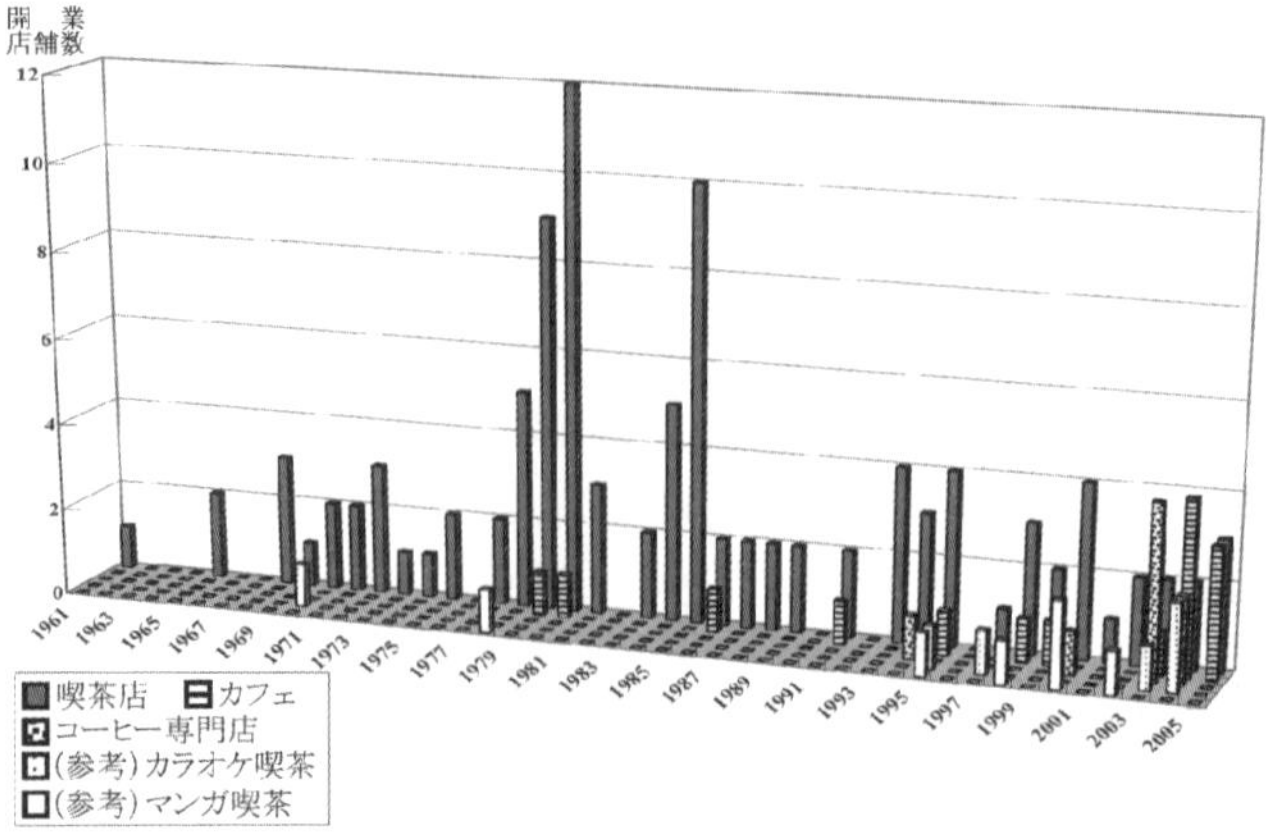

図 1-7　春日井市における各種喫茶店の開業年代（計 156 店舗のデータより）

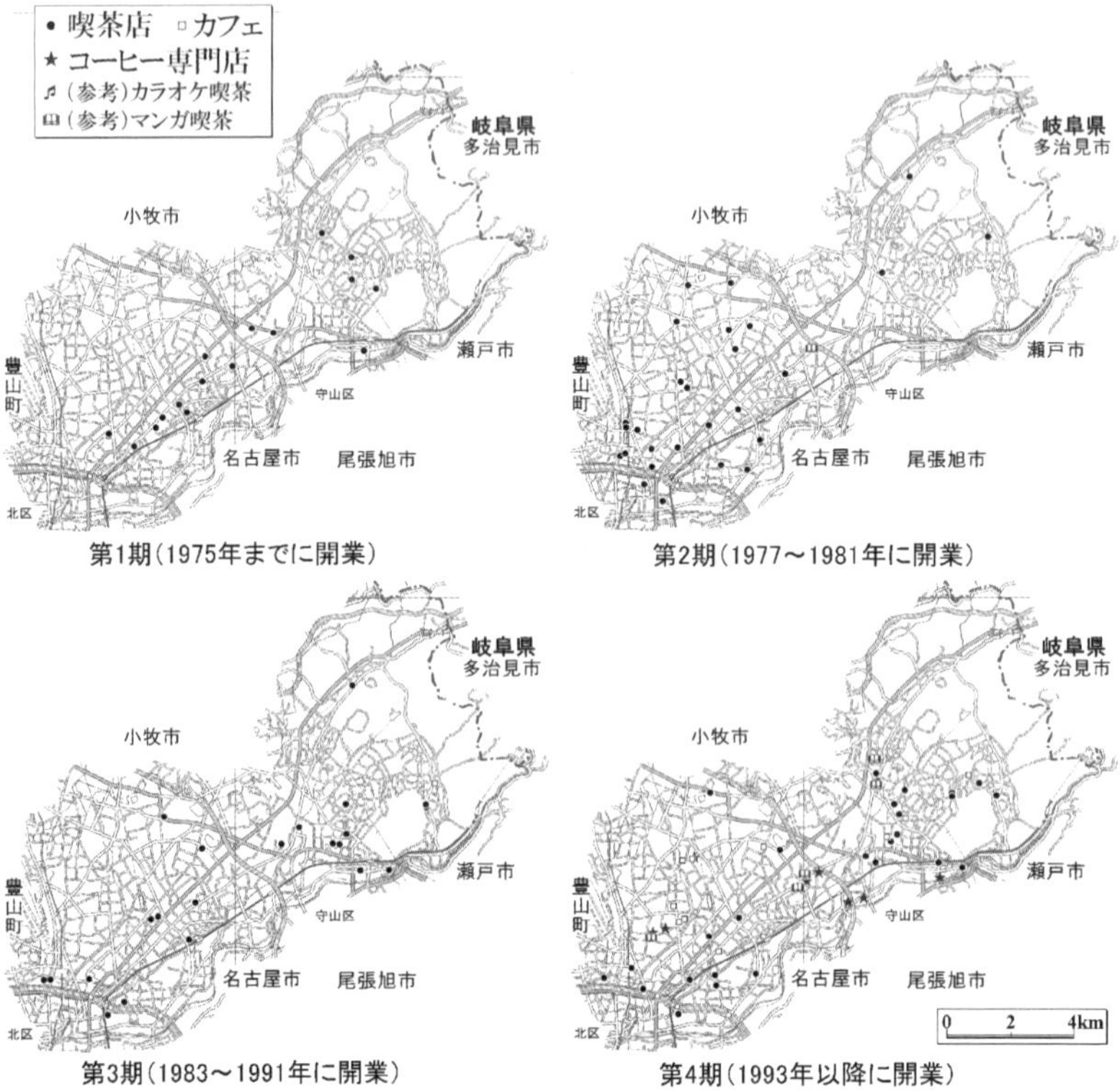

図 1-8　春日井市における各種喫茶店の開業年代別分布（計 156 店舗のデータより）

している場所などに幾分の違いがみられる（図1―8）。

①第1期（―1975年）　高度経済成長期のまっただ中から第一次オイルショック後にかけて春日井市内に店舗を構えた、最も開業時期の古いグループが出店した時期であり、ここでは「喫茶店」しかみられない。この時期から営業を続けている店舗の多くが、国道19号線春日井バイパスの東側を平行して走る県道508号線、すなわち、かつて国道19号線であった道路の沿線に立地している。一方で、当時造成が続いていた高蔵寺ニュータウン内にも立地がみられている。

②第2期（1977―1981年）　わずか5年間に、そろって多数の店舗が開業した時期である。最も短い期間であるが、春日井市内における喫茶店の4分の1がこの時期に出店していたことになる。あわせて、現在「カフェ」「マンガ喫茶」を名乗る店舗も、この時期に現れた。この時期の喫茶店の出店は、第1期とは全く異なり、国道19号線から離れた春日井市内の広い範囲にみられた。とくに、名古屋鉄道小牧線沿線の立地も目立つ。高蔵寺ニュータウン側でも、第1期に喫茶店が出店したニュータウン内ではなく、その周囲（坂下町を含む）に新規の店舗が立地している。

③第3期（1983―1991年）　円高不況からいわゆるバブル景気の時期である。その中で、なぜか1985年を開業年とする店舗が多い。この時期は、春日井市内を東西方向に横切る国道155号線沿線に喫茶店の立地が集中した時期といえよう。高蔵寺ニュータウンの造成がほぼ完了し、その南側の白山町などの一帯の市街地化も始まったことを受けてか、高蔵寺駅の周囲に喫茶店が多く出店した。国道19号線沿線では、1990年に新庁舎の完成をみた春日井市役所の周囲と、勝川以南にも立地している。

④第4期（1993年—）「喫茶店」だけでなく、「カフェ」や「マンガ喫茶」、新たに「コーヒー専門店」が次々と出店していった時期である。1年あたりの開業店舗数は第2期などと比較して多くないが、ここ10数年という新しい時期でもあり、開業した店舗の多くは現在もそのまま営業を続けているものと思われる。いずれもの店舗も、これまで各種喫茶店があまり立地していなかった「空白地域」を狙い打ちするかのように立地している。また、「カフェ」の集中立地している地区、「マンガ喫茶」が集中立地している地区、といった特徴的な地区がみられる。とくに「コーヒー専門店」は、JR中央本線の南側に偏って立地している。

このように、春日井市内における各種喫茶店は、古い時期には当時の春日井市の市街地の中央部に限定して、後には、それまで喫茶店の立地していなかった地区を選びながら、段階的に店舗数を増やしていった。そして、とくに1970年代の末から1980年代にかけて、市内の喫茶店が急激にその数を増やした時期がみられた。もはや春日井市内には、人口の多い市街地内に新たに喫茶店の出店できる余地は少ないといえよう。

＞春日井市と喫茶店＜

以上みてきたように、名古屋大都市圏の郊外に位置し、名古屋市のベッドタウンともいえる春日井市では、非常に多くの喫茶店が立地している。しかも、それらの店舗は、必ずしも幹線道路沿いというわけではなく、むしろ住宅地にも多く展開していた。市内のいたるところに各種喫茶店は出

表 1-3　春日井市における各種喫茶店の比較（2005 年 9 月現在）

	「喫茶店（一般的なもの）」	「カフェ」	「コーヒー専門店」	（参考）「カラオケ喫茶」	（参考）「マンガ喫茶」
電話帳での区分	—	—	—	2001年度新設	—
最も安いコーヒーの価格帯（または料金システム）	300円・350円に集中 アメリカン・ブレンド以外は若干価格が高い	350円・380円に集中 左記に同じ	360円・400円に集中 左記に同じ	400円に集中 カラオケの料金は別設定	400円に集中 入店時にコーヒーを注文する コーヒーの種類は少ない
一般的な営業時間	7:00前後～18:00頃	7:00前後～19:00頃	7:00～19:00といった店舗と10:00～23:00といった店舗に分かれる	11:00～夕食時・深夜まで営業	24時間営業の店舗が多い
「モーニング」サービスの有無とシステム	ほぼ全店で実施 実施時間帯であれば、最も安いコーヒーと同じ値段で注文できる	わずかに実施していない本舗がある コーヒーに＋αの料金を取る店舗もある	実施していない店舗も多い 「喫茶店」と同システムを採る店舗と、サービス自体実施しない店舗に分かれる	—	実施している店舗としていない店舗に両極化する 基本的にメインのサービスは「マンガの閲覧」である
アルコールの提供	提供しない店舗の方が一般的である	ビール程度のアルコールを置いている	提供しない店舗の方が多い	各種取り揃えている店舗が大部分である	提供している店舗はまれである
春日井市内における立地の傾向	住宅地までまんべんなく展開	市街地の中でも中心部寄り	比較的大きな道路沿いに多い	—	幹線道路（とくに県道508号線）沿いに多い
駐車場の有無	4～10台分を用意する店舗と，20台程度分を準備する店舗に分かれる	最低でも4～5台分，最大で15～16台分程度を準備	最低でも約10台分，最大で50台分程度を準備	無いか，近隣の他の店と共有で数台分を用意する程度	20～30台分を用意

（春日井市内での各店舗への聞き取り調査（計156店舗）をもとに作成）

店し、とけ込んでいる。さらに、それらの多数の店舗が、「喫茶店」なら低価格のコーヒーをメインに、「カフェ」ならアルコールの提供も念頭において、「コーヒー専門店」ならば高級なコーヒーを軸に据えるといった形で、それぞれでかなり統一されたサービスを実施していることが明らかとなった。その中で、「マンガ喫茶」などを除けば、実に多くの店舗が当然のように「モーニング」サービスを行っており、かつその料金は、コーヒーだけの注文と変わらない低価格に抑えられていた。名古屋大都市圏郊外においてもはや、「モーニング」サービスは常識的なサービスとなっているといえる。それどころか春日井市内では、朝早くに開店し、夕方になる前には店を閉じてしまうといった、「モーニング」のサービス時間である午前中に照準を合わせた営業時間となっている「喫茶店」が数多くみられるほどであった（表1—3）。

ところで、コストがかかる「モーニング」サービスを、なぜあえて春日井市内のほとんどの店舗が行うのだろうか。それにはやはり、同市内において喫茶店が飽和状態ともいえる状況におかれていることが背景として挙げられるであろう。とくに春日井市においては、同市が急成長し、最も人口の増えた1970年代に喫茶店も集中立地しており、よく似た経緯で開業した店舗が多数みられるため、サービスが横並びとなりやすい。加えて、2000年代となった現在では多くの店舗が減価償却を終え、必要以上の利益を度外視しても良い段階となっている可能性がある。また、各種喫茶店が密集していれば、利用者の側は容易に他の店舗の「サービス」との比較が可能となってくる。そうなれば新しく開業する店舗も、低価格を売りにするのにも限界がある中で、既存の店舗が行っている「サービス」に追随せざるを得ないと思われる。

さらに、個別の店舗への聞き取り調査において、こうした近接して立地する喫茶店の各店舗どうしが、外装や内装では個性を競い合いつつ、そこで提供されるコーヒーの「豆」自体は共通した業者から仕入れていることが多いことも明らかとなった。それらの業者はまた、安定した「豆」の納入と引き替えに、その業者名に加えて各喫茶店の店舗名が大きく描かれ、上部または横に回転灯（パトランプ）をともすことのできる立て看板を用意することも多い。この、名古屋大都市圏の喫茶店の特色とされている回転灯（文献1―13）と合わせて、そうした業者が主導することによって、「モーニング」サービスをはじめとするメニューの写真と料金までが書かれた共通のビニール製垂れ幕までもが各店舗に出回り、店頭に掲げられることも少なくない。こうなれば、自ずと「モーニング」サービスのメニューだけでなく、その料金までもが統一されていくことになる。

以上、春日井市においては、それらの喫茶店が単に幹線道路を行き来する人々のみを対象とするのではなく、住宅街にも数多く立地しており、住民と密接に結びつきながら店舗を維持させてきたといえよう。ただし、このような愛知県の喫茶店事情は必ずしも明るくない。愛知県内においては、喫茶店の数は1960年に1294店、1970年に5384店、1979年に1万3083店と、1960―1970年代に爆発的に増加したが、1986年に1万5387店を記録した後は減少に転じた（文献1―14）。そこでは、応接室が家庭や会社に普及したことと、缶飲料自動販売機やファミリーレストラン、コンビニエンスストアが増え、追い打ちをかけたことが減少の原因となったことが指摘されている。実際に春日井市で行った今回の調査の過程においても、電話帳などに記載されていた店舗のうち、直接の問い合わせの中で6店の閉店が判明した。

春日井市の喫茶店は、同市の発展の時期である1970年代の後半に集中して出店しており、それらの店舗を、同時期に市内に流入した人々が継続して利用し、これまで支えてきた可能性がある。調査でも、「喫茶店」では年齢層の高い人々の利用が目立った。しかし、人口構成が特定の世代に偏ってしまっている春日井市では、今後高齢化の後に、急激な世代交代が予想される。そうなった場合、各店舗と結びついてきた利用者は大きく減少し、また、新規の利用者となりうる若年層の大幅な増加も期待するのは難しそうである。さらに、開業から数十年経った店舗などでは、新規立地した店舗に比べて経費は減少するとしても、改装費用や後継者の問題に悩むことになりそうである。

代わって、あえて「コーヒー専門店」を名乗り、高級感を訴える店舗もみられている。「スターバックス」「タリーズ」といったシアトル系コーヒー店に加え、名古屋大都市圏にとっては「外資」ともいえる、東京などほかの大都市圏を中心とするチェーンの店舗も進出しつつある中で、地元チェーン店の健闘も注目される（文献1—15）。これまで地域と地域の人々と結びついてきた愛知県の喫茶店がどのような対応を図っていくのか、今後も注視していきたい。

第Ⅱ章　過激化する喫茶店の「モーニング」
——一宮市喫茶店事情——

続いて本章では、名古屋大都市圏における喫茶店の「モーニング」サービスの激戦区の一つとして知られ、近年では同サービスの発祥の地として名乗りを挙げている愛知県一宮市を取り上げてみる。後述する「モーニング博」（写真2—1）では毎年、以下のように一宮市における「モーニング」サービスの発祥と意義とが紹介されている。

写真2-1　一宮市で毎年開催されている「モー博」(2007年の「モーニング博」より)

「一宮モーニング」の起源はガチャマン景気に沸いた昭和30年代前半。繊維業を営む、いわゆる「はたやさん」は昼夜を問わず頻繁に喫茶店を訪れていました。そこで人の良いマスターが朝のサービスとしてトーストやゆで卵をコーヒーに付けたのがはじまりです。半世紀経った今でも日曜日の朝には家族揃って喫茶店へモーニングを食べ

写真2-2　各店の「モーニング」のメニュー（2008年の「モーニング博」より）

に行ったりする光景が多く見られます。私たち一宮商工会議所はモーニングを単なる飲食店のサービスではなく、一宮で長年にわたって育まれてきた全国でも類い希な文化であると考えています。

とはいいつつ、一宮市において本邦初の「モーニング」サービスが生まれたことを主張するには、多少分が悪いようである。コーヒーを頼むと目玉焼きを載せたトーストが付いてくる「モーニング」をすでに1950年代早々に定着させていたことを証拠写真で示す、広島市の喫茶店が紹介されている（文献2―1）。

しかし、一宮市の「モーニング」サービスについて強調したいのは、その起源の古さよりも、サービスとして付いてくる、もはやおつまみの域を超え主食として存在している多彩なメニューであろう（写真2―2）。前章でも紹介したように、実は喫茶店での平均年間喫茶代は、岐阜県が愛知県を上回っている。そして、この岐阜県の県庁所在地である岐阜市と、愛知県の県庁所在地である名古屋市とのほぼ中間、両市を結ぶ国道22号線沿いに位置しているのが、ここ一宮市である。こうした環境の中で一宮市では、前章で取り上げた春日井市を超える数の喫茶店の出店と、「モーニング」サービスの多様化が進展している。

そして一宮市は近年、街のPRとしても喫茶店の「モーニング」サービスに注目している。この一宮市の「モーニング」サービスを紹介するイベントとして2007年7月以降、一宮商工会議所の主催で毎年「一宮モーニング博覧会」（通称「モー博」）も開催されている。そこでは、市内の喫茶店の協力で、実際の各店舗における「モーニング」サービスのメニューがパネルで紹介されているだけでなく、いくつかの店舗については、会場で実際にそれらのメニューを試食することができる（写真2―3）。そして、各店舗の「モーニング」サービスに対する投票によるランキングや、加えて欲しいメニューの集計なども行われている。

写真2-3 「モー博」での各店の「モーニング」試食
(2008年の「モーニング博」より)

例えば、2007年の第1回「モー博」で、事前のネット投票と参加者投票とで人気1位になったのは一宮市木曽川町の「カフェ・メールネージュ」の、（コーヒーなど飲み物＋）フレンチトースト＋サラダ＋ゆで卵半分＋スープ＋フルーツ＋コーヒーゼリーで350円のセットであった（文献2―2）。また、同「モー博」では、（コーヒーなど飲み物に加えて）パンとゆで卵以外に付けて欲しい一品の1位として、茶碗蒸しが挙げられた（文献2―3）。この、茶碗蒸しが出てくるところあたりは、名古屋大都市圏における喫茶店の事情を知らない人々からすれば、さぞかし奇異に映ることであろう。

そこで本章では、こうした一宮市で過激化している「モーニング」サービスの一端を、春日井市と同様に各店舗への聞き取り調査をもとにして、具体的にデータ化して捉えていきたい。なお、毎年の「モー博」では「一宮モーニングMAP」と称して、同博覧会に協賛した数十店舗程度の喫茶店の住所・電話番号・営業時間などとその位置を示した地図が配布・インターネット上で公開されている。この「一宮モーニングMAP」では、うち20—30程度の店舗について具体的な「モーニング」サービスのメニュー写真も掲載されているので、ぜひ公式ホームページ（http://ichinomiya-morning.com/）を共に参照いただきたいが、本章では、そうした資料に記載された店舗のみならず、市内に多数ある店舗について、可能な限り多くの店舗の情報を集めて検討していく。

＞愛知県一宮市について＜

一宮市は、2005年に隣接する尾西市と木曽川町とを合併し、2009年12月末現在で、面積113・91平方キロメートルに人口37万8915人が住む都市へと成長した。名古屋市の北西、そして愛知県全体で見ても北西端に位置し、木曽川を挟んで対岸は岐阜県となっている（図2—1）。とはいえ、名古屋市の中心部とは様々な交通機関で直結されており、短時間で名古屋市内に向かうことが可能である。例えば、一宮市の中心駅であるJR尾張一宮駅から快速電車に乗れば、約10分で名古屋駅に、名古屋鉄道の名鉄一宮駅からも同様に、十数分で名鉄名古屋駅に到達できる。また、市域を南北に縦断する国道22号線は、かつては尾張一宮駅のすぐ近く、市の中心部を貫通していたが、すでに１９６０代にはその東側２キロメートルほどのところに平行する広幅のバイパス道路が通じた。この、通称「名岐バイパス」を走れば、一宮市の中心部から車で最短20分程度で、名古屋市の中心部に入ることができる。また「名岐バイパス」は、途中で名神高速道路の一宮インターチェンジに接続しており、さらに名古屋市内への交通の便を改善するものとして、道路上に高架の名古屋高速道路一宮線が設けられている。

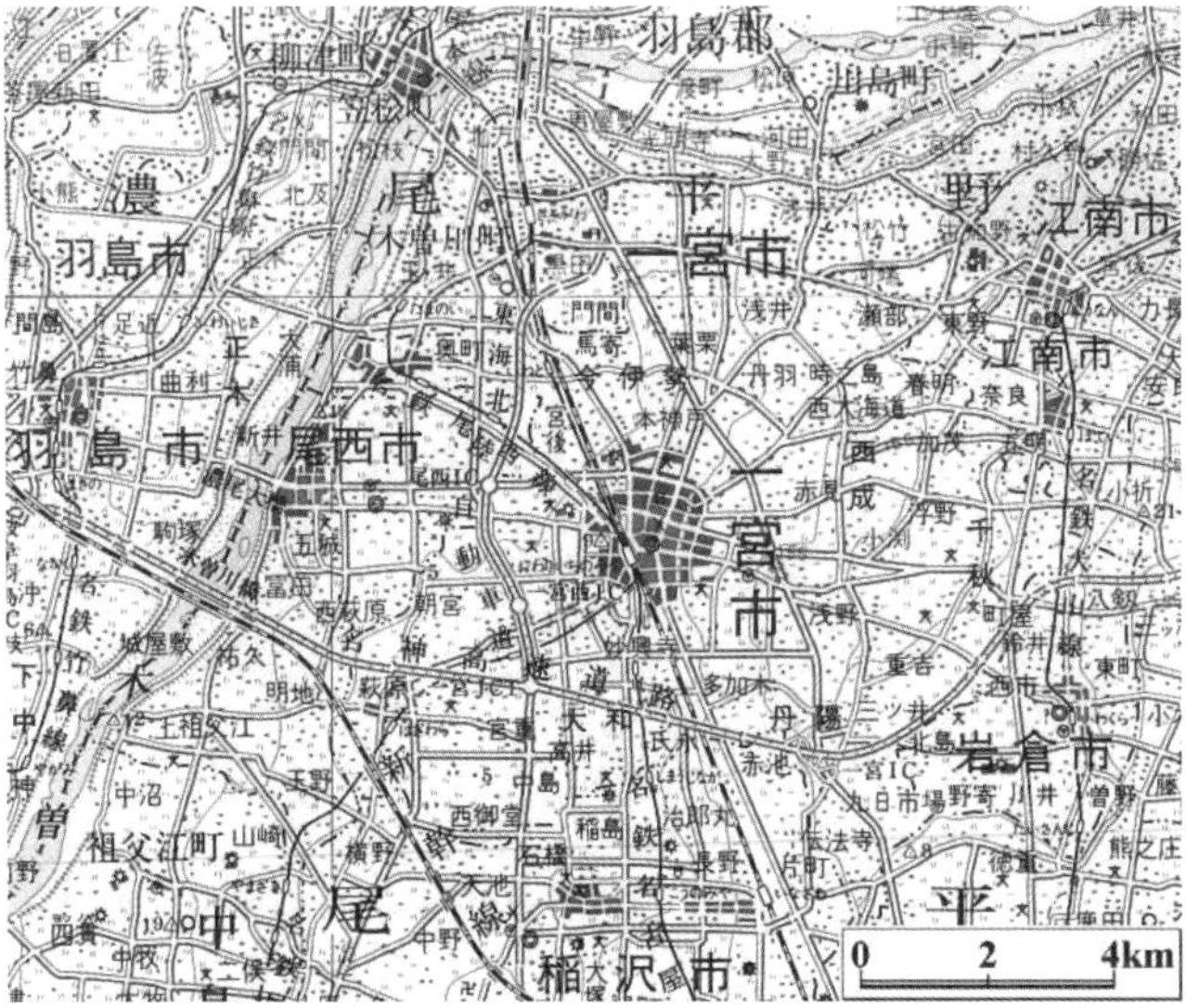

図 2-1　愛知県一宮市の概要
（2002 年編集 1:200,000 地勢図「岐阜」「名古屋」より）

　そしてこの「名岐バイパス」の名が示すように、国道22号線は名古屋市と岐阜市方面とを結んでおり、その沿線にある一宮市からは、短時間で岐阜県の県庁所在地、岐阜市にも向かうこともできる。こうした位置関係から一宮市の一帯は、鉄道などが開通する以前から、交通の要所として栄えてきた。一宮市の中心部、本町の一帯（市役所近く。尾張一宮駅のすぐ東側）には、市の名前の由来となる「尾張一宮」と称された真清田《ますみだ》神社があり、その門前では中世より、一帯でも最大規模の定期市「三八市」が開かれてきた。そして古くから、現在の名古屋市をはじめとする尾張地方の文化と、現在の岐阜市をはじめとする美濃（西濃）地方との文化の融合がみられる地域となってきた。

また一宮市は、「せんいの街」としても知られている。一宮市の東側は、氾濫を繰り返してきた木曽川が上流から運んできた土砂がたい積した犬山扇状地上にあり、また西側には、同じく木曽川の氾濫時のたい積である微高地「自然堤防」が点在している。地下水が豊富で土の質もよく、場所を選べば水はけの良い土地を得られるという条件のもとで、古くは、名物であった大根などを栽培する畑作地が広く展開してきた。そこに近世に入り綿作が普及し、さらに京都などから織法が伝えられたことにより、一宮の一帯は西側の起《おこし》地区（旧尾西市の中心部）と合わせて、織物の産地としても知られるようになった。さらに先述した鉄道が1886年以降、次々と一宮を通るようになり、官営鉄道一宮駅（後の尾張一宮駅）などが設置されたことは、織物の原料を広く国内外から広く集め、製品を出荷するのに大きく貢献することとなった（文献2―4）。

第一次世界大戦後の毛織物業への移行と、第二次世界大戦での大きな被害を経験したのち、1950年代以降、一宮は織物・毛織物業で、一度織機を動かせば万単位の収入が得られる「ガチャマン景気」に沸いた。同じ頃、名古屋市や岐阜市へのベットタウンとしての発展も始まった。水田は埋め立てられて区画整理がなされ、地下水を活用した大規模な工場と、住宅群へと変貌していくこととなり、人口の多い市街地が拡大した（図2―2）。それを見越して開通した「名岐バイパス」沿いには、１９７１年に、工場のほか繊維問屋が市の中心部から集団移転した「せんい団地」も造られた。

しかし、その後の日本国内全体での繊維業界の状況悪化を受け、近年では一宮の産業は多角化を迫られている。市内の織物・毛織物産業も、アパレル産業への転換と、生産機能の流出とが進んだ。百貨店の撤退など市の中心市街地の空洞化が目立つ一方で、名古屋市内への短時間で到達できるという好条件のもと、尾張一宮駅周辺では大規模マンションへの建て替えが相次ぎ、「名岐バイパス」沿いでも住宅開発が進んでいる。

＜一宮市の喫茶店と「モーニング」＞

今回、電話帳など各種情報からは、文献によっては７５０店舗以上あるとするものもある愛知県一宮市内の各種喫茶店について、計５９５店舗をリストアップすることができた。これに加えて、広義の喫茶店であるインターネットカフェを6店舗ほど挙げることができ、これを加えると市内には少なくとも６００を超える喫茶店がひしめくこととなる。そして５９５店舗のうち、４２８店舗が「喫茶店」を、52店舗が「カフェ」を、47店舗が「コーヒー専門店」を名乗っていた（電話帳などで「喫茶店」「カフェ」の両者など複数の区分で掲載されている場合には、「喫茶店」でない方を優先した）。残る店舗のうち、53店舗が「カラオケ喫茶」、15店舗が「マンガ喫茶」である。

このうち、直接の訪問あるいは電話による聞き取り調査を行った結果、１７０―２００店舗につ

図 2-2　愛知県一宮市の市街地（人口集中地区）
(2005 年国勢調査より。人口集中地区（DID）とは, 1 平方 km あたり人口 4,000 人を越えている地区)

いて、各種サービスがどのように行われているかを明らかにすることができた。

まず、24時間営業や深夜営業が当然となっている「マンガ喫茶」を除外すると、一宮市内では多くの喫茶店が午前7時をピークに開店し、午後6時前後に閉店することが明らかとなった（図2—3）。この開店・閉店時間帯のピークは「喫茶店」「カフェ」「コーヒー専門店」でもあまり変わらないが、「カフェ」に関しては日をまたいだ時間まで営業している店舗が少なくない。このように一宮市内では、「喫茶店」のほとんどは早朝から夕方までの営業時間に徹しており、「カフェ」などは若干、深夜まで営業しているところが多いという形になる。

「喫茶店」と「カフェ」「コーヒー専門店」などとの違いは、営業時間に加えてその料金価格にも表れる（表２―１）。「喫茶店」では、最も安い飲み物はコーヒー、それもアメリカンコーヒーやブレンドコーヒーであり、その料金は３５０円に多く設定されている。さらに一宮市内の「喫茶店」では３００円という設定も多く、中には１００円台というところがみられる。このように「喫茶店」では、非常に低価格でコーヒーを味わうことができる。しかもほとんどの店が、コーヒー10杯

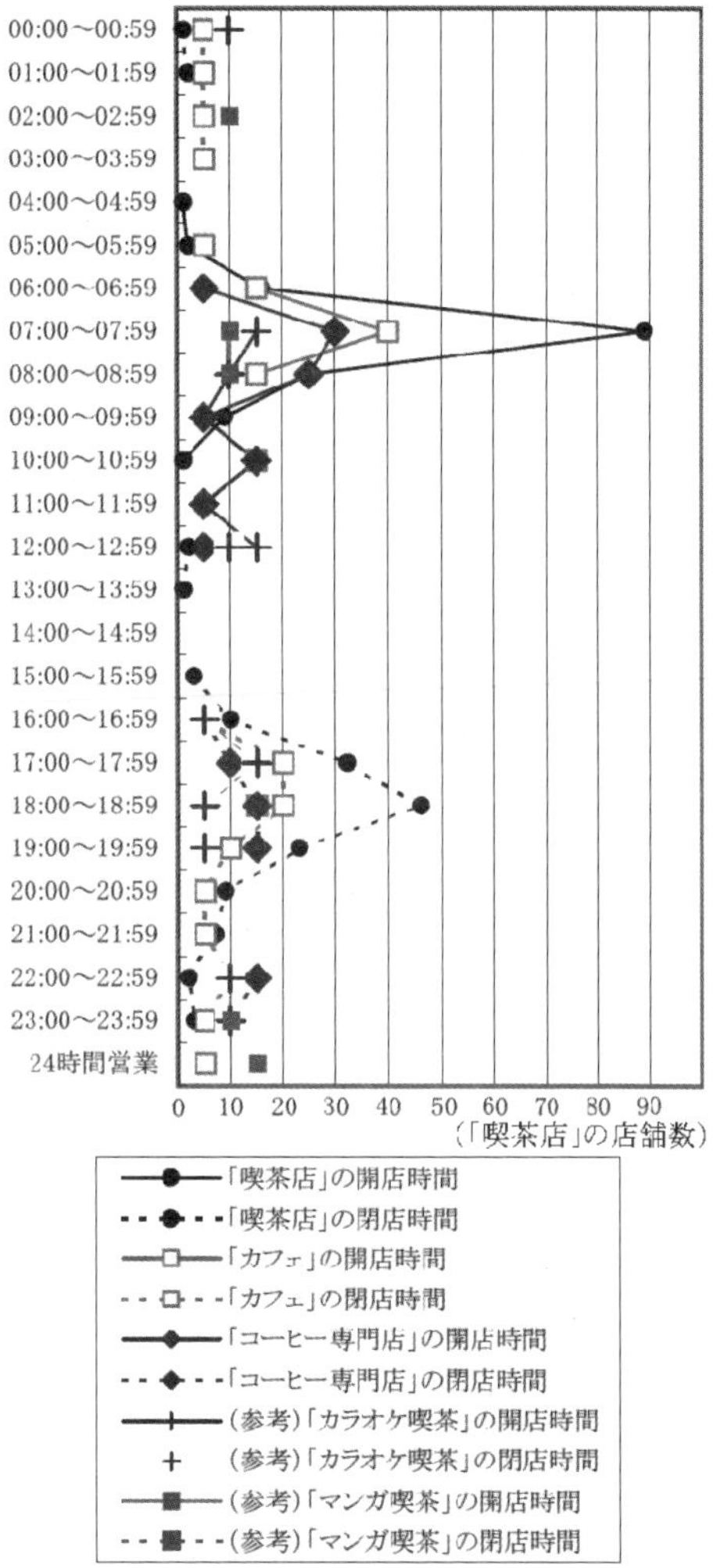

図2-3　一宮市における各種喫茶店の営業時間
（計202店舗のデータより）
※「喫茶店」のみ目盛りが異なる

表 2-1　一宮市の各種喫茶店における「最も安いコーヒー」の料金
（2008 年 9 月現在：計 174 店舗）

	最も安いコーヒーの価格																				平均
	100円	160円	170円	200円	247円	280円	300円	310円	320円	330円	340円	350円	360円	370円	380円	390円	400円	430円	450円	500円	
喫茶店	2	1	1		1	5	**22**	1		20	1	**53**	5	3	6		8			1	334.4円
カフェ							2			1		**5**			**3**	1	1		1		361.4円
コーヒー専門店				1					1			**5**			**3**	1	**3**				357.1円
(参考)カラオケ喫茶							**3**					1			1		**4**				358.9円
(参考)マンガ喫茶															**3**		**2**	1	1		402.3円
計	2	1	1	1	1	5	27	1	1	21	1	64	5	3	16	2	18	1	2	1	342.4円

※各種喫茶店がそれぞれ料金として多く挙げた上位二位の価格をゴシック体とした。

分の値段で11枚または12枚綴りとなっている「チケット」を販売しており、それを活用すればさらに価格は下がる。一方、「カフェ」「コーヒー専門店」も多くが最も安いコーヒーを350円に設定しているものの、それ以下の価格を設定している店舗は限られており、「喫茶店」と比較して料金設定が幾分高めとなっている。カラオケが楽しめる「カラオケ喫茶」や、店内で一定時間マンガを読むことができる「マンガ喫茶」の料金設定が高いのは、得られるサービスの違いから当然であろう。

さらにこの「喫茶店」などでは、低価格のコーヒーの料金でそのままトーストやサラダなどが付く、「モーニング」サービスを受けることができる（表2―2左）。多くは午前中のみの実施であるが、店舗によっては営業時間中ずっとサービスを行っていることを目玉としているところもある。そして、サービスの時間中は、むしろ飲み物のみを注文しようとすると怪訝《けげん》な顔をされることが多い。実際に、「喫茶店」で「モーニング」サービスを受けるために追加料金を払う必要があったり、コーヒー単品とは異なる料金が設定されたりしている店舗は少数派で、「モーニング」サービス自体を行っていない店舗になると希《まれ》といえる。こうした傾向は一宮市内では、「カフェ」「コーヒー専門店」でもみられ、「喫茶店」と比べて若干高い価格設定ながら、同様のサービスを受けること

表2-2　一宮市の各種喫茶店における各種サービスの実施状況（2008年9月現在：計183店舗）

	「モーニング」を実施		非実施	アルコールの提供	
	コーヒー料金と同じ料金	コーヒー料金＋α		あり	なし
喫茶店	127	9	4	31	**99**
カフェ	12	0	2	**12**	5
コーヒー専門店	13	0	0	0	**13**
（参考）カラオケ喫茶	5	0	4	**10**	2
（参考）マンガ喫茶	6	0	1	**4**	3
計	163	9	11	57	122

※「モーニング」の実施・非実施のみを回答いただいた店舗があり，総計は一致しない。
※アルコールの提供については，有無のうち多かった側の店舗数をゴシック体とした。

ができる。

そしてこの、各店舗での「モーニング」サービスの実施状況のデータと、先述した「最も安い飲み物（＝コーヒー）の料金」のデータとを組み合わせることによって、「モーニング」サービスの原価をうかがい知ることができる。例えば、一宮市内の１２９店舗の「喫茶店」で出されている、最も安いコーヒー（そのほとんどが「モーニング」サービスを含めても同料金）の料金の平均は３３４・４円（表２―１）であるが、この額は、「モーニング」サービスを実施し、かつそのサービスの料金を「最も安い飲み物」と同じに設定している「喫茶店」に限定すると、３４８・０円と若干上がる。

すなわち、「モーニング」サービス自体を行っていない「喫茶店」、さらに「モーニング」サービスを受けるために別料金あるいは追加料金を設定している「喫茶店」では、もっと低額で「最も安い飲み物」を注文することができるのである。その料金は、それぞれ店舗数自体が少ないので一般化するのは恐縮であるが、「モーニング」サービス非実施の「喫茶店」で平均３２０円、追加料金など必要な「喫茶店」では平均なんと２１７・４円と下がる。また、この追加料金などが必要の「喫茶店」では、同じく平均して138・9円の追加料金で「モーニング」サービスを受けられることになるため、

○「最も安いコーヒー」と「モーニング」サービスを含めた料金が同じ「喫茶店」
　→平均してその料金は348・0円

○「最も安いコーヒー」と「モーニング」サービスを含めた料金が違う「喫茶店」
→「最も安いコーヒー」平均217・4円＋「追加料金」平均138・9円
　＝平均357・3円

となり、最終的にコーヒーと「モーニング」サービスとを合わせた料金は、前者よりも後者の方がわずかばかり高いだけになるという計算となる。

なお、「モーニング」サービスとは関係ないが、アルコール（ビールなど）は「喫茶店」や「コーヒー専門店」ではあまり取り扱われておらず、逆に「カフェ」では多く取り扱われている（表2—2右）。

さて、この「モーニング」サービスであるが、一宮市では多様なメニューが用意されている（表2—3）。基本はトーストであり、これにサンドイッチ、ホットドッグといった選択肢を加えて、ほぼ100％の店舗で、これらのいずれかを、または複数のうちから一つを選択して食べることができる。ちなみにトーストは、バター・ジャムを付けた（全国で）一般的なトーストや、いわゆ

表 2-3　一宮市の各種喫茶店における「モーニング」サービスのメニュー組み合わせ
(2008 年 9 月現在：計 156 店舗)

	採用している店舗数	(うち調査店舗に対する割合)	ヨーグルト	フルーツ	茶碗蒸し	味噌汁	サラダ	ゆで卵	おにぎりなど	ホットドッグ	サンドイッチ
トースト※	137	(87.8%)	5	**21**	12	2	**58**	**92**	1	11	**15**
サンドイッチ※	22	(14.1%)	1	6	3	–	10	9	–	6	
ホットドッグ※	13	(8.3%)	–	3	1	–	6	5	–		
おにぎりorおむすび	3	(1.9%)	–	–	–	2	3	1			
ゆで卵	99	(63.5%)	3	**13**	1	3	**39**				
サラダ	63	(40.4%)	3	8	9	3					
味噌汁	4	(2.6%)	–	–	–						
茶碗蒸し	15	(9.6%)	1	1							
フルーツ	23	(14.7%)	–								
ヨーグルト	6	(3.9%)									

※トースト・サンドイッチ・ホットドッグは多くが選択制。
全156店舗のうち，多く選択された組み合わせ上位五位をゴシック体とした。

表 2-4　一宮市の各種喫茶店における「モーニング」サービスの変わり種メニューの例
(「店舗種類」店舗名)

A: パスタ	「喫茶店」リンデン など
B: スパゲティ	「喫茶店」チェリモア など
C: ウーメン	「喫茶店」サンモリッツ
D: そうめん	「喫茶店」トゥルーハート など
E: 中華麺・チャーハン	「喫茶店」ユニバースカフェ
F: お粥	「喫茶店」スリーピース，バンブー など
G: パンとおでん	「喫茶店」マロンカフェ など
H: ピザ	「喫茶店」バンブー，モンツァ など
I: コーヒーゼリー	「喫茶店」」コーヒー茶館かける 「コーヒー専門店」銀座珈琲館 など
J: 乳酸菌飲料	「喫茶店」ブラボー，サン・ローラン など

る「フレンチ・トースト」もあるものの、多くの店でこの地方独特の、小豆あんを載せた「小倉《おぐら》トースト」と称されるトーストが出される。パン系に続いて多いのはゆで卵、サラダで、この三点セットが標準といえよう。

このほか、象徴的なメニューとして茶碗蒸しを挙げることができる。茶碗蒸しは、岐阜県での喫茶店にふれた文献（文献2―5）によると同県の喫茶店でもよく出てくるとされるメニューであるが、一宮市においても、「モーニング」サービスで茶碗蒸しが出てくるのは10店舗中1店舗程度で、決して珍しいメニューではない。さらには麺類やおでん、コーヒーと他のおかずに加えてコーヒーゼリー、乳酸菌飲料が出てくる店舗もある（表2―4）。そしてもちろん、それでも料金はあくまで飲み物だけの注文の場合と同じ価格に据え置かれている。

ただし、メニューにも「相性」がある。ほとんどの店舗で採用されているトーストには、加えてゆで卵やサラダなど、さらに様々なメニューが付けられることが多いが、サンドイッチやホットドッグがメインの店舗では、加えてゆで卵が付いてくる店舗の比率が若干下がる。味噌汁（これもこの地方では、豆味噌を用いた「赤だし」と呼ばれるものが出されることが多い）は、おにぎりまたはおむすびとセットで出されるものであろう。茶碗蒸しは、先述した文献（文献2―6）では「勝負に出た店」のメニューとされるが、茶碗蒸しが出てくる店では、トーストサンドイッチやホットドッグなども選択できる店舗が減るなど、若干メニューに制限がかかるようである（表2―3）。

さらに「モーニング」サービスを超えて、別に追加料金を払うことで、さらに豪華なおかずが付く「モーニングセット」を注文することもできないことはないが、それでも料金は合わせてせいぜい500円程度が上限となる。このように一宮市内の各種喫茶店では、当然のように飲み物の料金そのままで、おつまみの域を超えた様々なメニューのおかずが付いてくる「モーニング」サービスを受けることができる。しかも、そのメニューは実に多様である。

＞街全体が「モーニング」激戦区＜

次に、これら多様な「モーニング」サービスを行っている各種喫茶店が、一宮市内のどういった

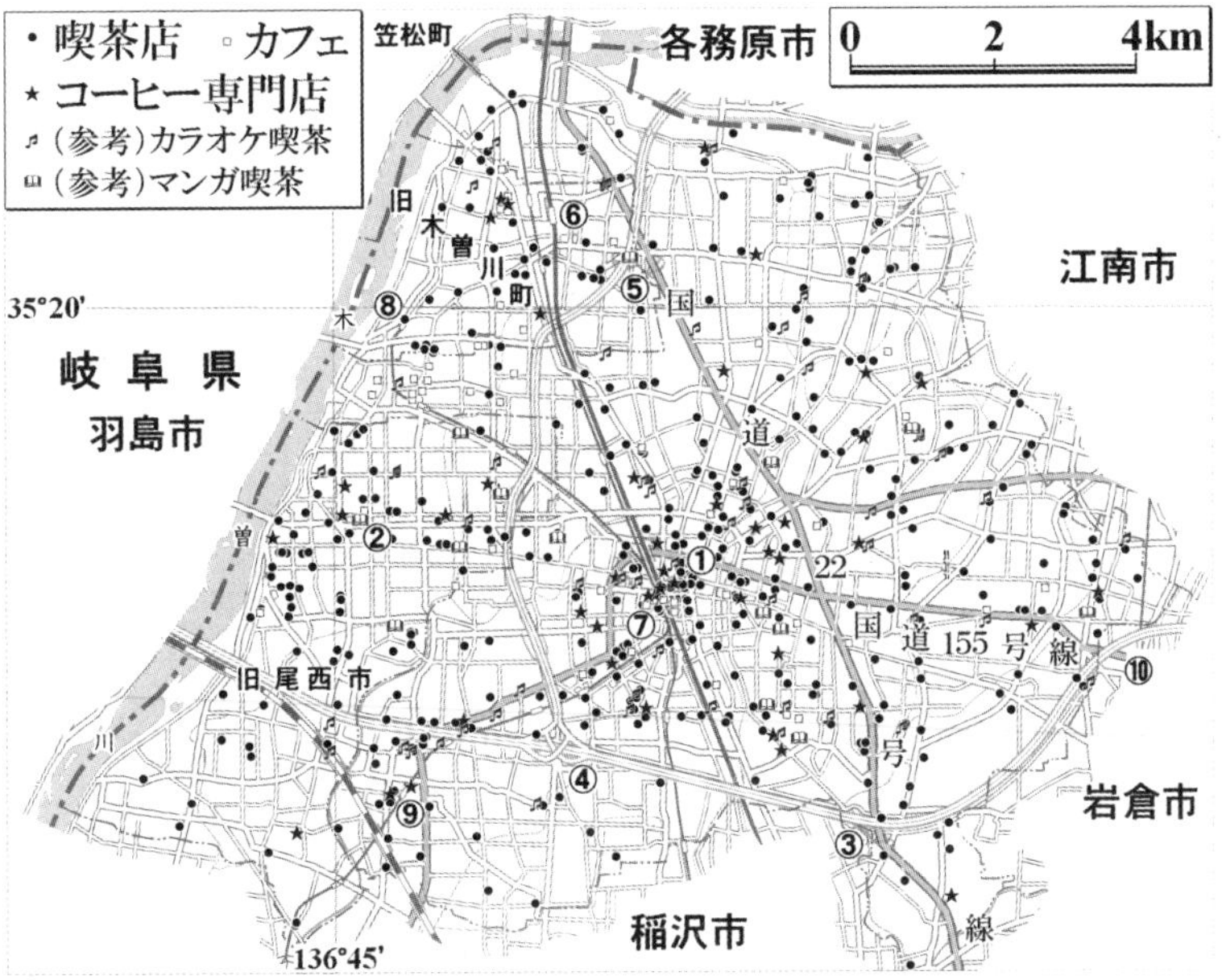

図2-4　一宮市内における各種喫茶店
（2008年9月現在：電話帳などに基づき住所の判明した計586店舗）
①本町・真清田神社，②旧尾西市役所，③名神高速道路一宮インターチェンジ，④一宮ジャンクション，⑤東海北陸自動車道一宮木曽川インターチェンジ，⑥JR木曽川駅，⑦JR尾張一宮駅・名古屋鉄道名鉄一宮駅，⑧名古屋鉄道玉ノ井駅，⑨名古屋鉄道萩原駅，⑩名古屋鉄道石仏駅

地区に多くみられるのかを確認する。電話帳などから得られた各種喫茶店の住所をもとに、各店舗の場所を地図上におとす（図2―4）。各種喫茶店が集中しているのは、やはり人口が多い地区（図2―2）と一致しているものの、市内全域でほとんど「空白地域」はみられない。とくに、古くからこの一帯の中心地であった、尾張一宮駅の東側および本町や、ほかに旧尾西市の中心地区であった起地区、木曽川町などにも多い。市域の南西、萩原地区などで顕著であるが、全体的には国道155線沿線など主要道路

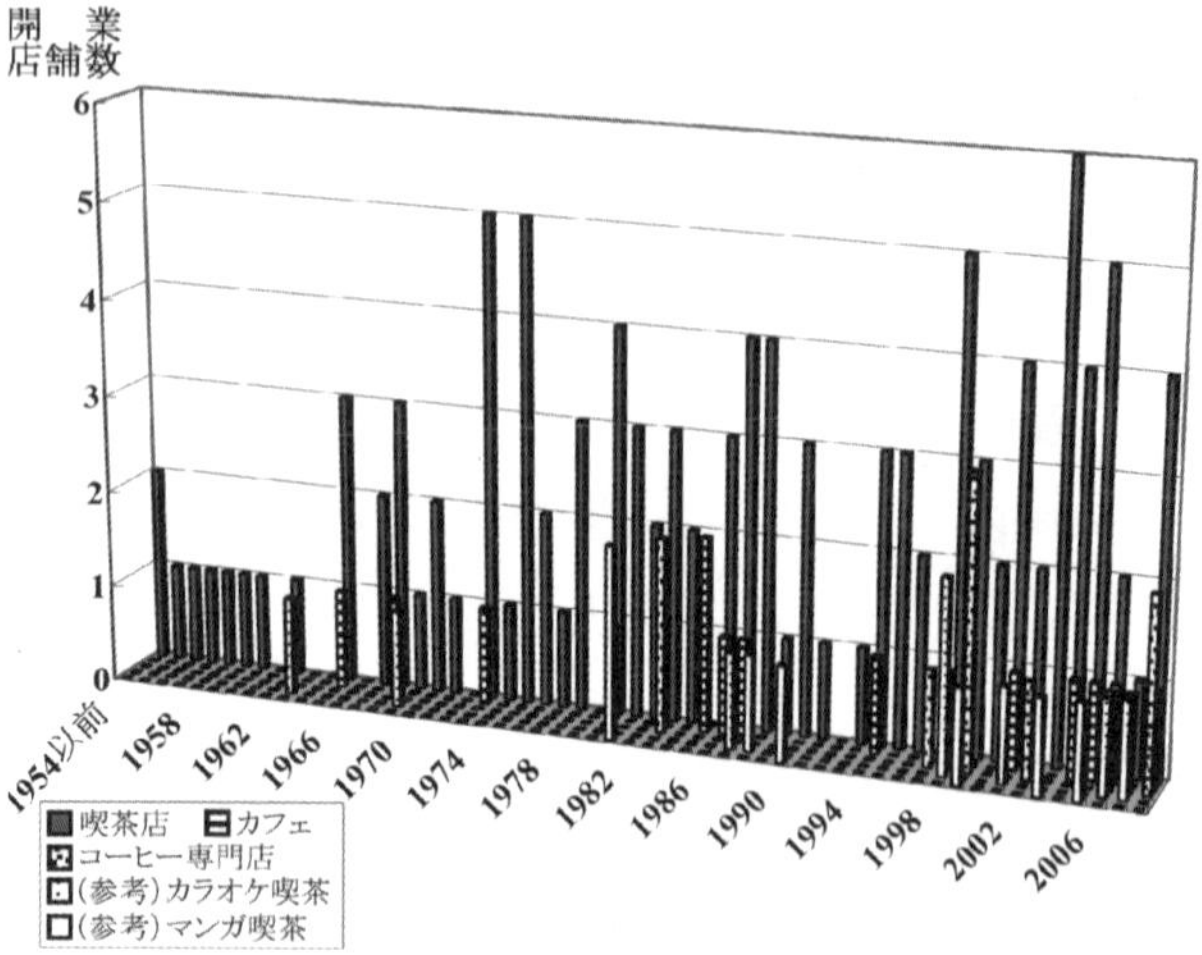

図2-5　一宮市における各種喫茶店の開業年代
(計158店舗のデータより)

沿いに多く各種喫茶店がみられる。隣接する江南市との境界に近い浅井《あざい》町・西成地区でもかなりの数の喫茶店がみられるだけでなく、店舗どうしが非常に近接しているところが興味深い。一宮市において、中心市街地以外で各種喫茶店が集中する場所はいずれも、この中心市街地から郊外の各地区へと放射状に伸びた道路（県道・地方道）の沿線である。一宮市内では一見すると、市内の至るところでお客の奪い合いである「競合」が発生しうる状況となっている。

　ところで、これらの各種喫茶店の立地を、その種類別にみてみると、市内にまんべんなく出店している「喫茶店」と比べて、それ以外の各種喫茶店には立地に偏りがみられた。「カフェ」は市の中心部のほか、主要道路沿いと、なぜか旧木曽川町、そして同町と旧尾西市とに挟まれ、合併前の旧一宮市の中でも木曽川に向かって西に細長く伸びていた奥町に多い。とくにこの奥町では、「喫茶店」よりも「カフェ」が多くなっている。対照的に旧尾西市では「カフェ」が極めて少ない。「コーヒー専門店」は主要道路沿いに多く。さらに

「カラオケ喫茶」は主要道路沿いに非常に集中している。「マンガ喫茶」はかなり自由な場所に出店している。

続いて、これらの店舗がいったいいつ頃から営業を続けている店舗なのか、また、古くからの店舗や新しい店舗はそれぞれ市内のどういった地区に多くみられるのかを分析する。聞き取り調査などで情報を得られた約160店舗について、まずはその開業年をみてみると、一宮市においては高度経済成長期以前から営業している店に加えて、その後に開店した、比較的新しい店舗が多い（図2―5）。ここ一宮市では、とくに特定の時期に各種喫茶店の開業が相次いだということではなく、ほぼ途切れるとこなく市内のどこかで各種喫茶店が開業し続けてきたようである。

こうした一宮市における喫茶店の出店の特徴を、各種喫茶店の立地を開業年代別に見ることでも明らかにしていく。各種喫茶店の開業が比較的少なかった「谷間」の時期を境として大きく四つの時期（①第1期（―1972年）25店舗、②第2期（1973―1984年）35店舗、③第3期（1985―1991年）23店舗、④第4期（1992年―）71店舗）に分け、延べ158店舗のそれぞれの時期での立地を示してみる（図2―6）。その結果、第1期・第2期からの店舗はJR東海道本線および名古屋鉄道本線沿い（これは同時に旧国道22号線沿いでもある）に多く、第3期・第4期からの比較的新しい店舗は、先述した奥町、および同じく先述した江南市との境界に近い浅井町、西成地区に多かった。なお、「カフェ」は第3期からの店舗が多いが、これは、同時期からの店舗がなぜか奥町に多く、しかもそのほとんどが「カフェ」を名乗ったことによる。また、市の中心市街地に集中する「コーヒー専門店」は第4期（1992年―）開業という、かなり新しい店

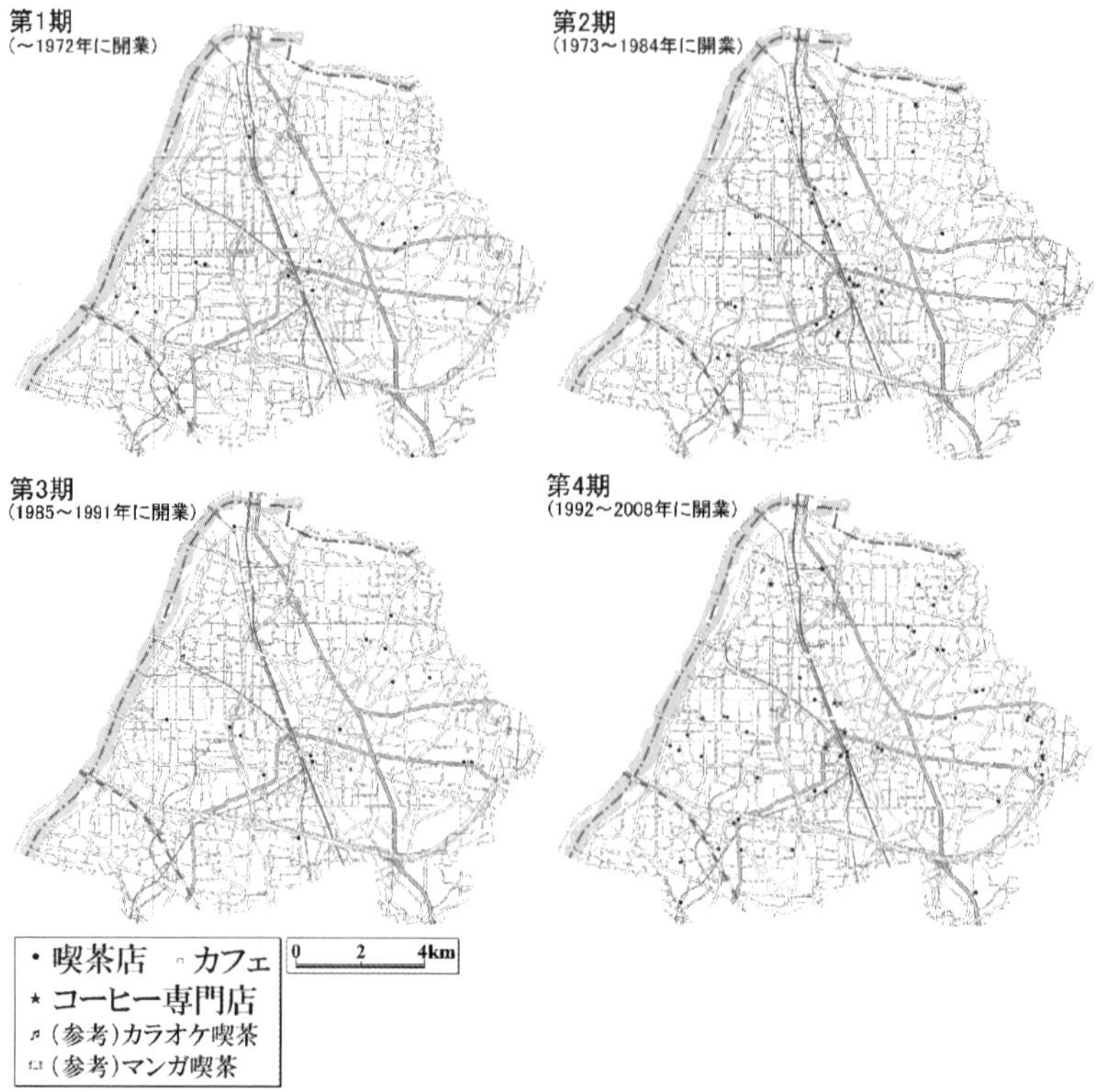

図2-6　一宮市における各種喫茶店の開業年代別分布（計158店舗のデータより）

舗が多い。

最後に、「モーニング」サービスで出されるメニュー別に、各種喫茶店の立地をみてみる（図2―7）。例えば、多くの店舗で採用されているゆで卵を出す店舗は市内にまんべんなくある一方で、サンドイッチやホットドッグを出す店舗は、尾張一宮駅の周辺と、そしてまたなぜか浅井町に偏っている。それに対して、茶碗蒸しを出す店は市の中心市街地というよりもむしろ、中心市街地から遠い地区に点在していた。同様に、変わり種といえるメニューを出す店も、多くは中心市街地か

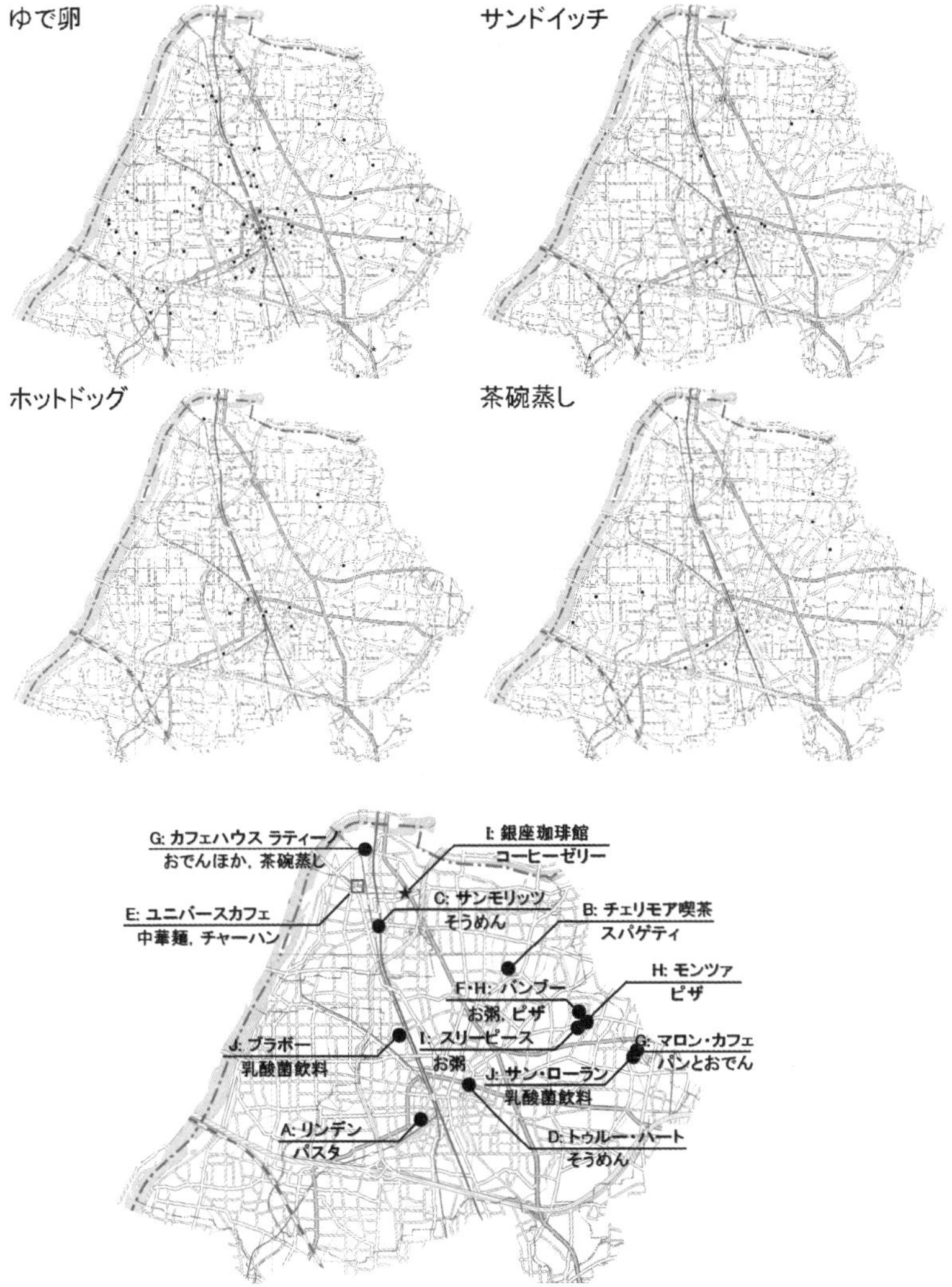

図 2-7　一宮市における変わり種「モーニング」サービスを提供する各種喫茶店の分布
（計 158 店舗のデータより。最下図の店舗アルファベットは表 2-4 に対応）

ら幾分離れた、しかし近接して他店が立地しているところでみられやすかった（図2―7最下図）。

〈一宮市における「モーニング」の発展〉

以上見てきたように、一宮市においても広く、そして当然のように飲み物単品の料金で様々な〝おかず〟を付ける「モーニング」サービスが行われてきたことが明らかとなった。そして同サービスでは、低価格なコーヒーなどに非常に多様なおかずが付くメ

写真 2-4　一宮市北方町の喫茶店「カフェハウス ラティーノ」（2010 年 1 月 17 日撮影）

写真 2-5 「カフェハウス ラティーノ」の店内

写真 2-6 「カフェハウス ラティーノ」の「モーニング」の例（ホットドッグと茶碗蒸しに，サラダ，フルーツ，おでんが付いて，これでもあくまで，コーヒーなど飲み物の値段のまま）

ニューが用意されていた。さらには、あらかじめ「チケット」を購入しておくことで、より割引を受けることができる。

その一例を紹介する。先述したように一宮市の中心市街地から幾分離れた地区で、変わり種ともいえるメニューがみられやすい。一方、いったん茶碗蒸しなど手の込んだおかずを採用する店舗ではその他のおかずの種類が少なくなる傾向があるが、そうした傾向を覆し、あらゆるおかずを網羅する店舗もみられる。木曽川、すなわち岐阜県との県境に近い「カフェハウス ラティーノ」（写真2―4、写真2―5）では、コーヒーなどを頼むとホットドッグに加えて茶碗蒸し、日替わりでおでんが付くこともある「モーニング」サービス（写真2―6）が行われている。このほかにも多様なメニューが用意（写真2―7）されており、一宮市における喫茶店の「モーニング」サービスの豪華さを象徴している。しかもその料金は、あらかじめ「チケット」を購入しておくことで、1回あたり

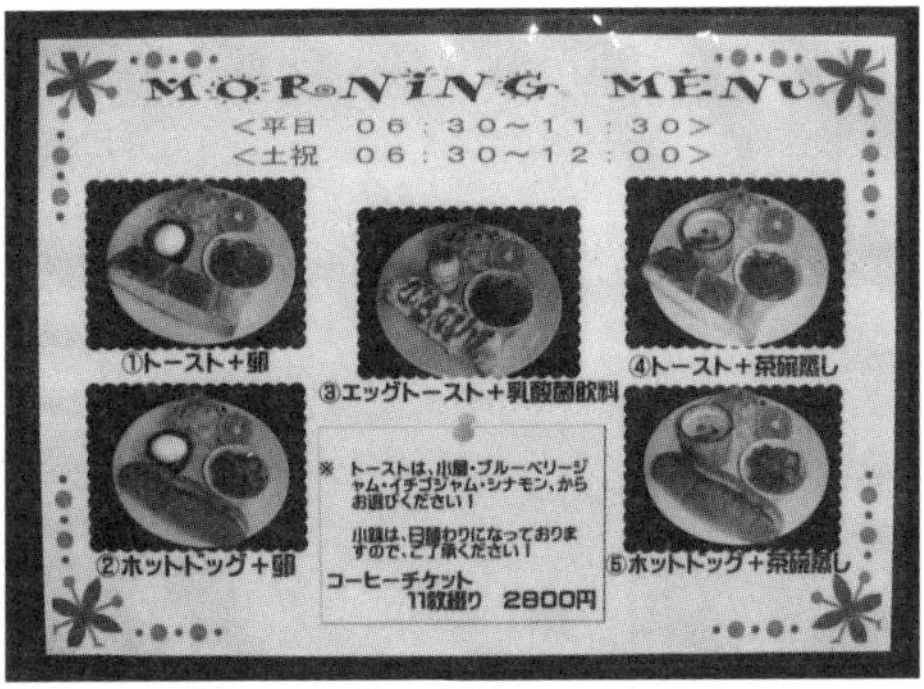

写真 2-7 「カフェハウス ラティーノ」のメニュー

写真 2-8 「カフェハウス ラティーノ」のチケット

250円台になる計算である（写真2―8）。そして、土曜日などだけでなく、平日も若干年齢層の高いの女性などで賑わい、憩いの場となっている。

それでは、なぜあえてほとんどの店舗が最初から「モーニング」サービスを前提とし、「最も安い飲み物（＝コーヒー）」と変わらない料金設定としているのかについて考えたい。先述したようにサンプルとなる店舗は必ずしも多くないものの、「モーニング」サービスを実施していない、あるいは別料金などを設定している「喫茶店」などでは、「最も安い飲み物（＝コーヒー）」の料金はかなり安くなっている。すなわち実は、「モーニング」サービス分の料金は、最も安い飲み物（＝コーヒー」だけを注文していたならば想定されていた料金との差額分でまかなわれている可能性がある。しかし、サービスの時間帯に来店したお客のほぼ全員が自動的に「モーニング」サービス込みで飲み物を注文するということになれば、その差額分の合計は大きな額となる。さらに、注文数が多くなった「モーニング」のために材料などを多く仕入れれば、サービス1回あたりのコストは下がる。実際に、「モーニング」サービスを受けるにあたって、別料金などを設定している（サービスを求めない客も発生しうる）「喫茶店」よりも、最初から「モーニング」サービスを込みにしている「喫茶店」の方が、若干料金の平均が低かった。広くサービスを提供したことによるスケールメリットが生じたのではなかろうか。

また、なぜこのように一宮市の各種喫茶店において「モーニング」サービスが激化したのか、とくに「喫茶店」で低価格化が進んだのかについても考察したい。一見すると一宮市では、比較的新しい店舗も多く、まだ減価償却などが終わっていないなどとして、容易に価格を下げることは難しい。近隣に店舗がない「空白地域」に出店するのであれば、若干高めの価格設定を行って利益を増やすことも考えたいところである。しかし一宮市では早い時期から、いたるところに各種喫茶店が立地しており、市内に「空白地域」はほぼみられてこなかった。古くからの店舗が低価格を維持している中で、そのすぐ近くに新しい店舗を出店しなければならないという環境では、新しい店舗も価格面で追随せざるをえなくなるであろう。一宮市奥町では「カフェ」ばかりとなっていることなどをみると、喫茶店の集中している地区では隣接した店舗が意識され、サービスに共通性がみられるようになる可能性がある。

一方で喫茶店の集中は、お客の奪い合いである「競合」を生む可能性があるため、いったん確保したお客を囲い込むために、「チケット」などを通じて価格を下げ、囲い込みを強化することになる。また各店舗は、新規のお客を獲得するためにも、差別化といえる「モーニング」サービスの強化を行う必要性が出てくる。その必要性は、もともと人口が極めて多く、固定客ができさえすれば店舗それぞれの収入が安定する中心市街地内ではなく、そこから離れた地区で高くなるであろう。愛知県では、「周りが田畑の道路沿いに（喫茶店が）ポツンとあることも珍しくない」とされる（文献2―7）が、一宮市ではそうした地区でも喫茶店が多く、さらには現在も、既存の店舗に隣接してでも新規開店が続いている。このような、人口の割に過当競争となっているといえる地区の店舗では、まさに茶碗蒸しなど、趣向を凝らしたメニューが求められる。

しかしながら、ただでさえ店舗数が多く、容易に価格を上げられない中で進行している原材料の高騰は、着実に経営を難しくしているという実態も、聞き取り調査から明らかとなった。実際に調査でも、電話帳などには記載されているものの現地で確認すると閉店していた店舗が、「喫茶店」を中心に20数店舗みられた。深夜営業も重視する「カフェ」などは、夜間の時間帯にはお客の入りは不安定になるものの、営業していれば独占的にお客を集めることができることでコーヒーの価格も高く設定できる。また同時間帯には「モーニング」サービスの時間も終了している上、単価の高いアルコールの注文も期待できるかもしれない。そう考えると、とくに「モーニング」サービスに磨きをかけてきた「喫茶店」の置かれた状況は厳しいであろう。

豊かな「モーニング」文化を築き、維持してきた一宮市の喫茶店の、今後の努力を見守りたい。

第Ⅲ章　〝お値打ち〟サービスの集大成 ―愛知県の「スーパー銭湯」―

さらに本章では、ここまでみてきた喫茶店にかわり、「スーパー銭湯」に目を向けてみたい。愛知県に住む人々の心を掴む不思議な空間、それが「スーパー銭湯」である（写真3―1）。愛知県に住んでいる方であれば、各地の幹線道路沿いなどで、真夜中でも煌々と明かりに照らし出された巨大な建物をご覧になったことがあるであろう。しかも、その建物の中には、単に浴槽や洗い場だけでなく、サウナや、店舗によっては広大な露天風呂といった豪華な設備が備えられている（写真3

写真 3-1　名古屋市内の「スーパー銭湯」（2004 年 11 月 14 日撮影）

写真 3-2 「スーパー銭湯」の内部（中日新聞夕刊 1996 年 5 月 25 日付より）

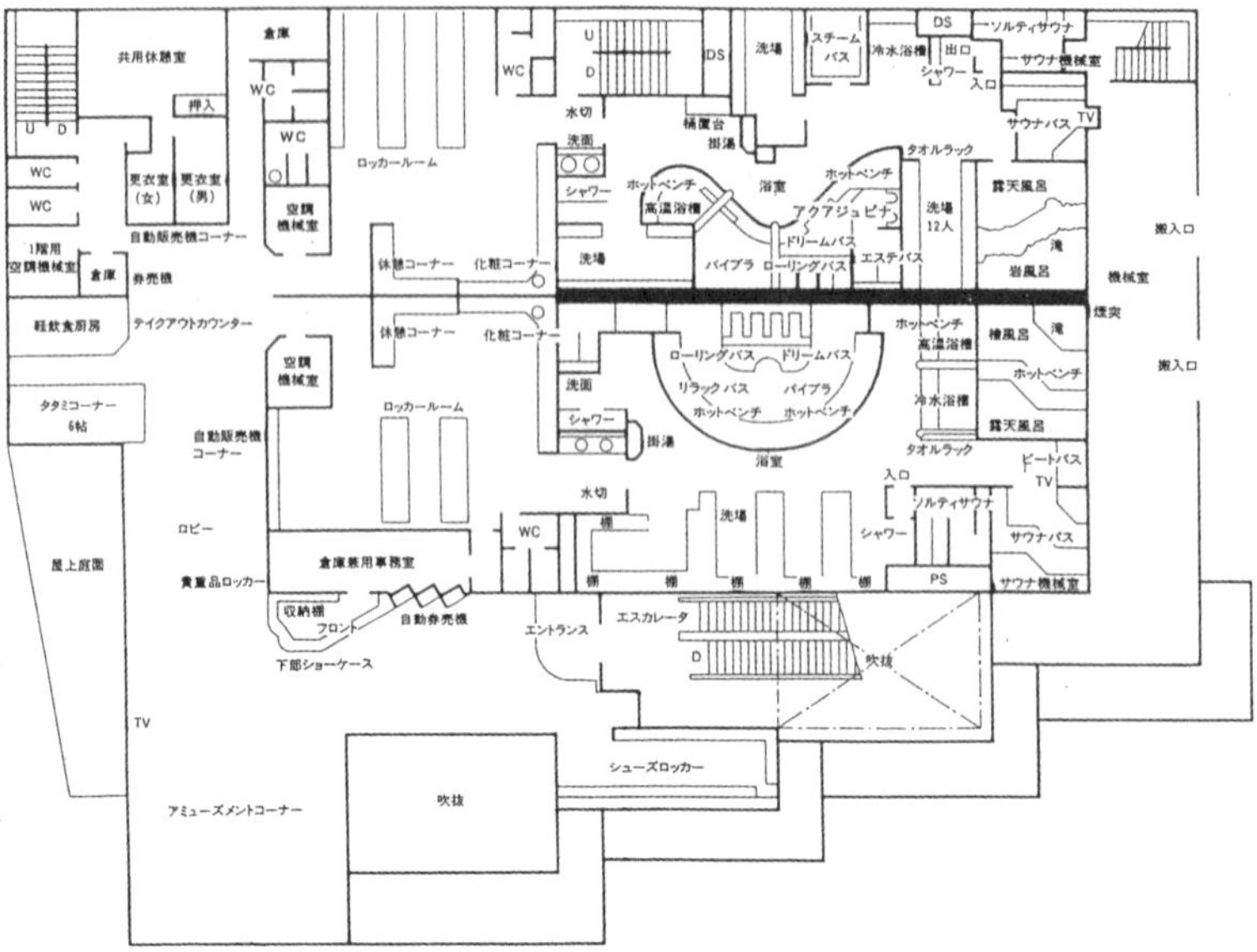

図 3-1　平均的な「スーパー銭湯」の構造（東海銀行「新設が続くスーパー銭湯」事業調査レポート コア、1996 年 5 月号より）。最近では、より広い「露天風呂」が付くのが一般的となった。

—2・図3—1）。また、「軽食コーナー」が設けられ、簡単な食事をとることができる「スーパー銭湯」も多い。

住宅事情が改善され、いわゆる内風呂が普及する中で利用者を減らしてきた銭湯が、1960年代以降に急激にその数を減少させてきたのを尻目に、ここ愛知県では、各地で続々と「スーパー銭湯」が開店し続けている。愛知県は、他の大都市圏と比較して持ち家率が高いことがしばしば指摘されるにもかかわらず、である。さらに「スーパー銭湯」の中には、銭湯よりも低料金でサービスを提供しているところも多い。

そこで本章では、この「スーパー銭湯」が愛知県においてどのように展開してきたのかを分析してみることとする。とくに、実際に「スーパー銭湯」にかかわる様々な人々に直接お話をきくことで、この愛知県という地域にどのようにして「スーパー銭湯」が根付いていったのかを紹介したい。

＞「スーパー銭湯」とは＜

「スーパー銭湯」という名称の由来には諸説あるが、関西地方を地盤とする株式会社大一（現・アクアプロ）によれば、同社が１９８０年代中盤に従来銭湯よりも一段と豪華な入浴施設を設計した際に、その施設に対して命名提唱したことにさかのぼることができるとされる。ただし、「スーパー銭湯」という名称自体には登録商標化がなされていないため、基本的にどの施設が「スーパー銭湯」を名乗っても問題はない。しかし「スーパー銭湯」の大部分は、従来からの銭湯などとはその規模や設備、外観に大きな違いがみられるのが一般的である。

それらの相違点を形づくる背景となっているのは、実は法的な位置づけの違いである。従来からの銭湯は、法的には「普通公衆浴場」と位置づけられている。その一方で「スーパー銭湯」は、法的には健康ランドやサウナなどとともに、「その他の公衆浴場」に位置づけられている。つまり、従来からの銭湯と「スーパー銭湯」の大部分とは、法的には異なる業態なのである。このことにより、銭湯と「スーパー銭湯」とで、様々な違いが生まれることになる。以下、銭湯と比較することで、「スーパー銭湯」の特色を示してみよう（表３―１）。

まず、従来からの銭湯すなわち普通公衆浴場は、公衆浴場法と呼ばれる法律のもとで、厚生労働

表 3-1 「スーパー銭湯」と様々な入浴施設との比較（おおよその目安）

	従来型銭湯	スーパー銭湯		健康ランド（参考）
		一般的なもの	別名「ハイパー銭湯」	
法的性格	普通公衆浴場(ほぼ浴場組合に加盟)	その他の公衆浴場(普通公衆浴場もある)	左記に同じ	その他の公衆浴場
料金	大人(12才以上) 400円 中人(6～12才未満) 150円 小人(6才未満) 70円 （愛知県 2006年以降）	大人 350～600円 小学生 200～300円 乳幼児 90～200円 （土日祝日 プラス50円）	大人 600～1,000円 （週末は割り増し料金，ただし会員登録により大幅値引き）	大人1,500～2,500円 子供1,000円
料金価格統制	あり(都道府県ごとに入浴料金の統制価格がある)	なし	なし	なし
営業時間	15:00～23:00 (8～10時間営業)	平日10:00～24:00 土日祝日8:00～24:00 (14～16時間営業)	左記に同じ	24時間営業
定休日	週1回	原則年中無休	左記に同じ	原則年中無休
立地	市街地内	市街地の近郊	左記に同じ	主として郊外
商圏	徒歩圏	半径2～5km程度	半径5～20km程度	半径10～50km程度
駐車場	なし	50台分以上	100台分以上	150分台以上
敷地面積	300～500㎡	1,000～10,000㎡	左記に同じ	
営業面積	150～300㎡	500～2,000㎡	左記に同じ	3,000～10,000㎡
	平屋建て	1～2階建て	左記に同じ	左記に同じ
浴室機能	浴槽，洗い場など サウナはあっても別料金（150円程度）が多い	露天風呂，電気風呂，ジェットバス，サウナ，塩サウナなど	左記に加え，天然温泉を使用する店舗も	左記に同じ
備品	なし	石けんやシャンプーなど別途購入を求める店舗も	石けん，シャンプー，リンスは多くが備え付け タオル付き店舗も	左記に加え，浴衣のサービスなど
飲食施設	なし(売店，自動販売機のみ)	売店，自動販売機，軽食コーナー	売店，自動販売機，軽食コーナー(または食堂)	売店，自動販売機，食堂
その他施設	特になし	大型ロビー，コインランドリー，マッサージ室，ゲーム機など	左記に同じ	大型ロビー，宴会場，宿泊施設，娯楽施設なども設置
一日あたり利用者数	150～250人/日	平日400～1,000人 休日500～1,600人	平日800～1,500人 休日1,200～2,000人	平日400～1,200人 休日800～3,000人
年間売り上げ	1～2千万円	2～3億円	3～5億円	5～30億円
その他	再入浴不可	再入浴不可	再入浴可・不可	再入浴可

（「月刊レジャー産業」記事，および『東海銀行事業調査資料』などをもとに，聞き取り調査の結果を加えて作成。）

省・都道府県といった管轄機関によって許可を受けて、はじめて開業できる。その中で銭湯は、様々な規制を受けることになる（文献3―1）。具体的には、開業に際して、すでにある他の銭湯とは一定の距離を保たなければならない。例えば愛知県の場合、その距離は半径220m以上と決められている。また、物価統制令に基づき、その入浴料金は都道府県知事の定める料金（愛知県では2006年8月30日以降、大人400円ほか。ただし三河地区の一部の地域で、例外的に料金を380円などとすることが認められている）となっている。実はかつて、この物価統制令の対象なっていた物品やサービスはほかにもあったのだが、第二次世界大戦後その多くは相次いで対象から外されていった。そのため銭湯料金は、「最後の物価統制令」とも称される。銭湯にこのような規制が引き続き設けられた背景としては、戦争直後の混乱が挙げられる。戦災によって多大なる被害を受け、多くの人々が住まいを失った大都市を中心に、銭湯は、市民の公衆衛生を担うものとして急激にその数を増やした。しかしながらそれらの銭湯には、過当競争が発生する中で、衛生状態の良くないまま営業を続けるものも現れた。そして、銭湯同士の競合を防ぎ、適正配置をはかるために、1948年に公衆浴場法が施行されることとなった。

しかしながら銭湯は、多くの規制を受けながらも、人々の生活に必要な施設として、その開業と存続を支援するための各種の優遇措置を受けている。具体的には、①環境衛生金融公庫による有利な条件での貸し付け、②国または地方公共団体による助成措置義務、③都道府県からの利子補給および融資、④道府県給水条例による上下水道料金の大幅減免、⑤都道府県税条例による固定資産税、都市計画税の減免、といった措置が挙げられる。またこのほかに、銭湯には1957年に施行された同業組合法に基づき、浴場組合と呼ばれる組織が各地で作られており、地域ごとに営業時間や設備などを統一するなどの調整が行われている。そのため銭湯については、業者間での差異が無視でき、利用者も基本的には徒歩で来店するため、利用者が最も近くの店舗を無条件に選択するであろうという「最近隣中心地利用仮説」が満たされている、との指摘（文献3―2）もある。それでも厚生省（当時）の資料（文献3―3）によれば、全国の銭湯は1964年の約2万3000店をピークに、近年では約1万店程度まで減少している。愛知県においては、1988年には524店を数えていたものの、1990年代半ば（1997年）には363店まで減少していた。

一方で1980年代よりみられはじめた「スーパー銭湯」は、普通公衆浴場としての認可を受けず、各種の優遇処置も受けないことを前提とする形で出店をみた。そのため「スーパー銭湯」は、公衆浴場法や物価統制令といった各種規制を受けず、また、基本的に組合も組織されていないため、自由に出店し、料金や営業時間を設定することが可能となった。このように「スーパー銭湯」は、銭湯（普通公衆浴場）とは異なり、いわゆる自由競争の状況に置かれているのであるが、代わりに、競合などによって廃業に追い込まれたとしても何の補償も受けることができない。そこで「スーパー銭湯」は、銭湯を含めた同業者の動向を調査し、独自の料金および施設、サービスによって、利用者の開拓を行うこととなる。

当初の「スーパー銭湯」各店舗は、いわゆる「健康ランド」をモデルとしながら、コストのかかる宴会場や飲食施設を設置しない、深夜営業は実施しないといった形での店舗づくりを進めていた。その後、初期の各店舗の試行錯誤を経て、現在では事実上の開業マニュアルができている。各種資料におけるその内容は、①車での来店を前提として半径5km程度の商圏を見込み、さらに、店舗から車で30分圏内に10万人以上の人口が必要、②敷地は自社所有地を原則として総事業費は4―5億円となるが、投資金額は5年から8年で回収見込、③経営に特殊なノウハウは必要なく、券売機や自動販売機、自動調理器の活用によって完全にセルフサービス型とすることが可能であり、少人数での経営も可能、④客層は幅広い年齢層となり、また、内風呂を所有している人々が前提、といったように整理される。そして、先述した株式会社大一（現・アクアプロ）のほか、愛知県では玉岡設計といった、複数の店舗について施工から管理までを請け負う業者も各地に現れ、「スーパー銭湯」に共通した設備などのイメージが形づくられていくこととなる。

＞愛知県に広がった「スーパー銭湯」＜

従来からの銭湯とは異なり、近年自由な出店の進む「スーパー銭湯」が、愛知県においてどのような展開をみせているのかを示してみよう。タウンページといった資料から得られる情報に加えて、各店舗に対する直接問い合わせなどを行い、現在営業を続けていることが確認できた愛知県内の「スーパー銭湯」は、２００９年10月現在で73店舗となった。これらの店舗と、これまでに休業してしまった店舗とを分布図化すると、次ページの図３―２のようになる。

ここでは参考までに、２０００年代までのまでの銭湯の展開と、１９９０年当時のＤＩＤ(Densely Inhabited District「人口集中地区」：１平方㎞あたり人口が４０００人以上、かつ、地区全体の人口が５０００人以上の地区）とを重ね合わせてみてみる。このうちＤＩＤ地区とはいわゆる「市街地」に相当し、愛知県内の各都市にみられる。そして従来からの銭湯（普通公衆浴場）は、名古屋市や豊橋市といった一部の都市にのみ多く、しかもそれらの展開は、それらの都市のＤＩＤの中でもかなり内側に限定されている。一方で例えば、いわゆる「平成の大合併」などで人口を増やし、現在では名古屋市に次ぐ人口を誇る豊田市などにはあまりみられない。ここからは、従来からの銭湯が、古くから発展していた都市の人口の多い市街地の中で、徒歩で来店する利用者を

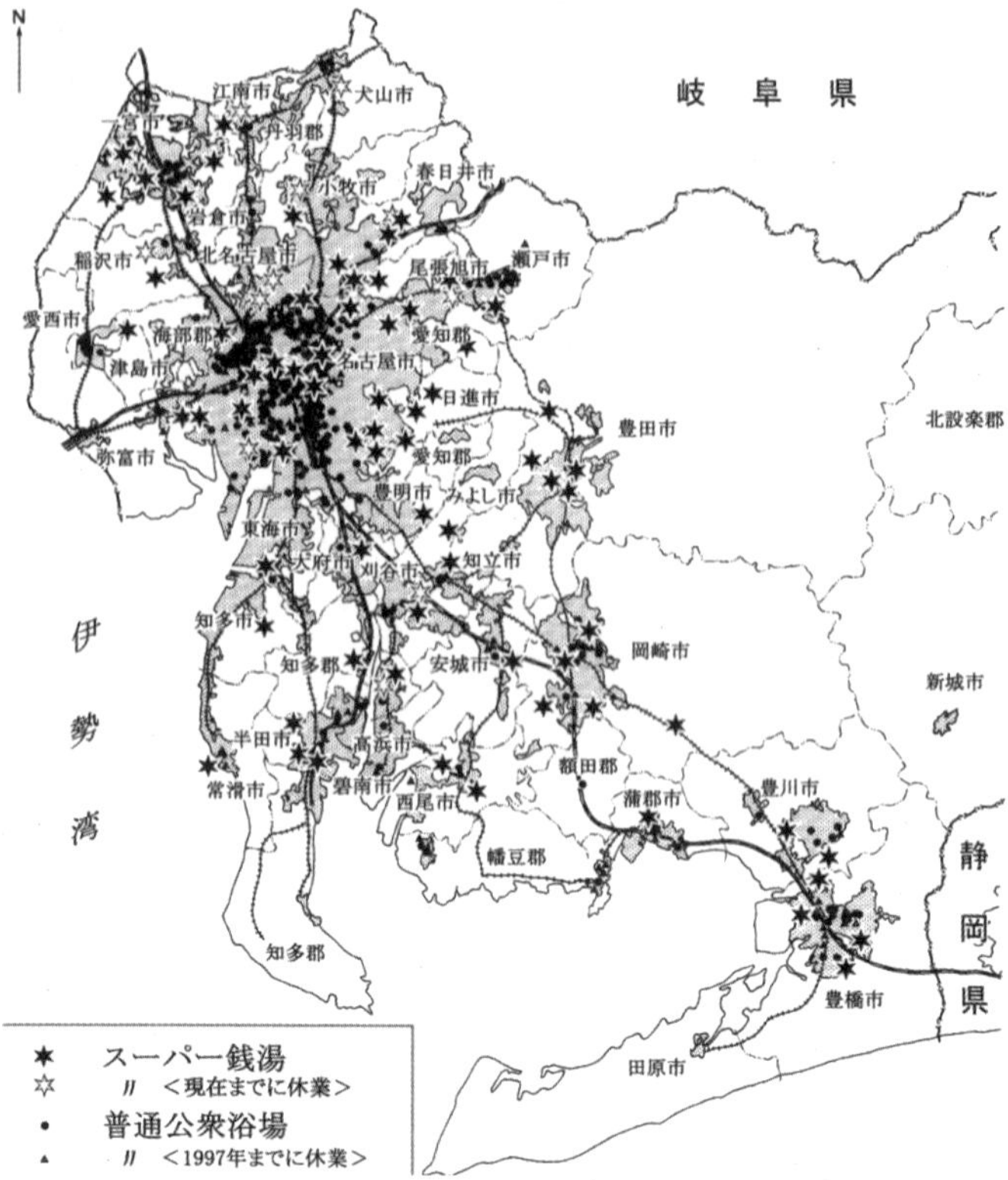

図 3-2　愛知県内における「スーパー銭湯」の分布（2009 年 10 月現在）

集めながら展開してきた様子がうかがえる。「銭湯は本来、人口密度の高い都市域の中で、浴室を持たない家屋が集まる地域において成立する産業である」との指摘（文献3－4）は、愛知県においても当てはまるといえよう。

一方で「スーパー銭湯」は、その大部分が銭湯の集中する範囲を取り囲む形で展開している。とくに、例えば名古屋市内では、都心地区に立地した数店舗のほかは、守山区や緑区といった郊外地区の新興住宅地と、港区や中川区といった海沿いの地域に多いことが特徴として挙げられる。また、極端に銭湯の少なかった豊田市をはじめ、一宮市や春日井市、岡崎市といった、これまで銭湯が多いとはいえなかった都市での出店が目立つ。このように「スーパー銭湯」の多くは、従来からの銭湯とは一種の空間的「すみ分け」をはかりつつ展開しているといえる。さらに、各年度のタウンページや直接の問い合わせにより、各店舗の開業年度についても検討してみると、「スーパー銭湯」が、試行錯誤の中で愛知県内に展開していったことが明らかとなる。その展開の時期は、大きく分けて4つの時期に分けることができる（図3―3）。

①第1期（1989―1994年） 名古屋市守山区に「竜泉寺の湯」が開業したのを皮切りに、愛知県内にはじめて「スーパー銭湯」が進出した時

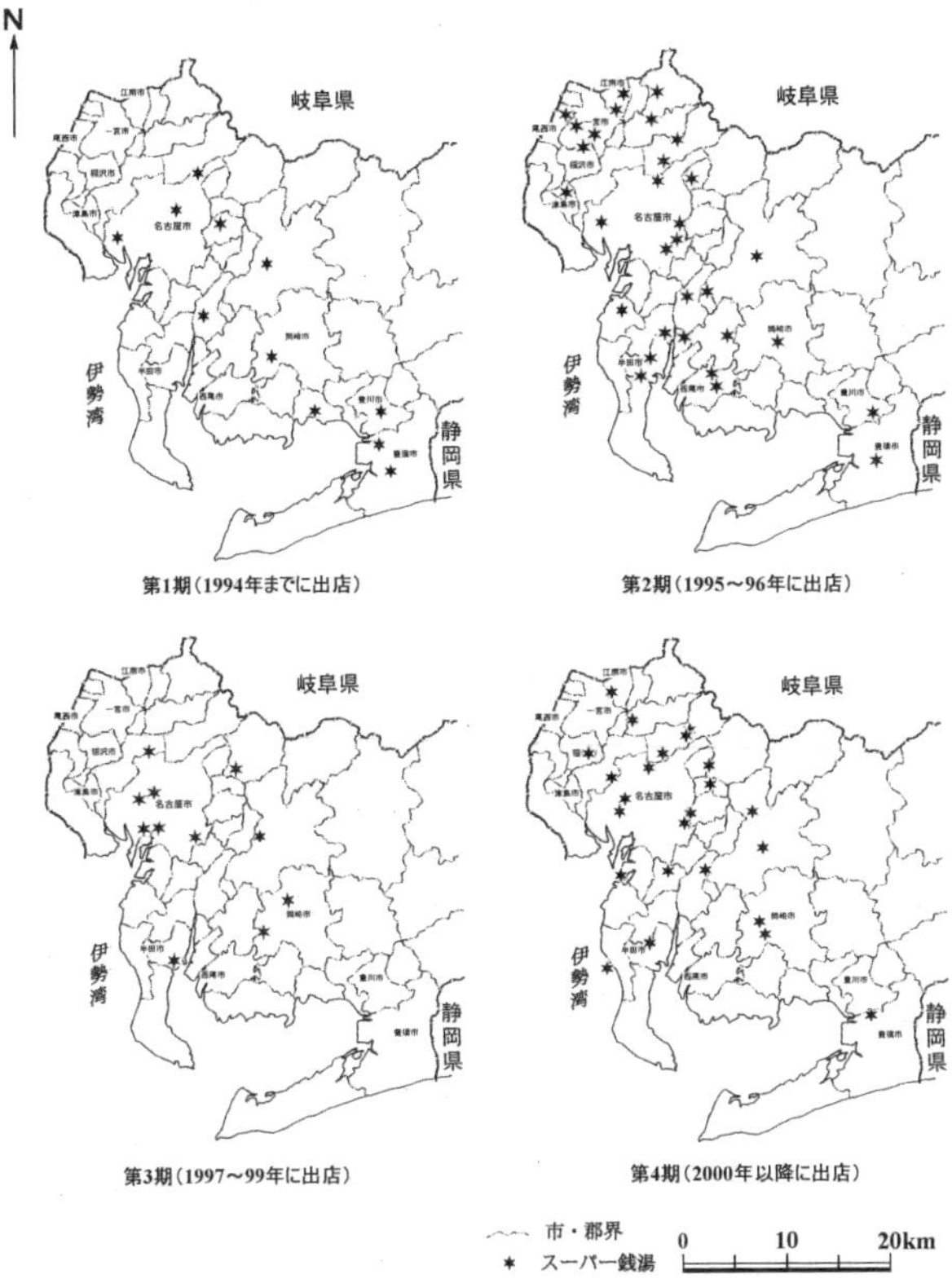

図3-3 愛知県内における「スーパー銭湯」の時期別展開
（市町村名・市町村界は2005年以前のもの）

期である。この時期には人口の多い都市の、比較的中心部に近い地区に、少数の出店がみられるのみであり、「スーパー銭湯」店舗間での競合はみられていなかった。

②第2期（1995—1996年）愛知県内だけでも年間14、15店が出店した、「スーパー銭湯」の急成長期である。とくに、それまで出店のみられていなかった尾張地区北部の都市（津島市、稲沢市、一宮市、江南市、犬山市、小牧市、春日井市）の郊外地区への進出が著しく、同地区ではこの時期だけで11店が開業している。また、郊外地区の新規店舗の中には、既存店の近隣に出店したものもみられるようになって競合の可能性が発生し始めた。「愛知県内は「スーパー銭湯の激戦区」との指摘がみられた（文献3—5）のも、この時期である。

③第3期（1997—1999年）愛知県内での「スーパー銭湯」の出店ペースがおさまり、年間数店舗の出店にとどまっていた時期である。この時期には、郊外地区を中心に出店の進んだ第2期とは異なり、再び市街地内への出店が多くみられた。そしてこの時期は、「スーパー銭湯」が既存の他店舗を意識し、差別化をはかり始めた時期でもある。しかし2000年前後には、県内での新規出店はほぼストップする。

④第4期（2000年—）この時期は、再び出店ラッシュが始まり、愛知県内の「スーパー銭湯」にとっては、さらに競争が激化した時期といえる。全体的な出店傾向は、第2期と見事に重なり、同時期に出店が進んだ都市の郊外地区にさらに別の店舗が出店していることが多い。そして、こうした動きの中で、初期に出店した「スーパー銭湯」の中で、閉店となった店舗もみられ始めた。すなわち、第2期までに開業し約10数年が経過した店舗が閉店し始め、それに代わるように新規店

舗が出店してきた形となる。

このように、愛知県における「スーパー銭湯」は、試行錯誤をくり返してきた。そして「スーパー銭湯」は、当初は従来からの銭湯との「すみ分け」を、後には既存の「スーパー銭湯」他店と競争を行いつつ、段階的に展開してきたことが示される。

＞「スーパー銭湯」にとっての愛知県＜

出店する「スーパー銭湯」の側からみた愛知県とはどのような地域であるのか、その条件を確認してみたい。まず、よく知られるように愛知県は、「郊外型」ビジネスの牙城とも呼べる地域である。

東京および大阪の大都市圏においては、鉄道などの公共交通機関が縦横に整備されていることもあって、駅前地区の繁華街としての発達が著しい。一方で名古屋大都市圏は、自動車製造企業の存在が大きいほか、公共交通機関の不足を補う意味でも自家用車の所有が多く、しばしば肯定的にも否定的にも「車社会」と呼ばれてきた。そして、商業施設の多くが早い時期から、利用者が自家用車で来店することを前提として、鉄道駅からも遠い郊外地区を中心に立地してきた。愛知県においては、郊外型ショッピングセンターやシネマコンプレックスなどの大規模なものだけでなく、広大な駐車場を備えた喫茶店や書店も、郊外地区に多く店を構えている。こうした愛知県と比較すると、「東京や大阪では、駐車場を備えた大型施設の立地は、地価などの面から無理」との指摘（文献３―６）もある。そして愛知県の人々には、自家用車を用いて郊外地区の娯楽施設に出かけることへの抵抗が少ないことが想定される。

また、愛知県においてはこれまで、普通公衆浴場すなわち銭湯も多いとはいえなかった。例えば、銭湯組合および店舗への直接問い合わせなどによって2004年9月当時に確認した愛知県内の銭湯の数（県全体で241店、うち名古屋市が169店）は、総数では岐阜県（同67店）および三重県（同102店）よりも多かった。しかしながら人口あたりでの店舗数でみれば、愛知県の銭湯は、岐阜県とは同じくらい、三重県の6割程度しか存在しないこととなる。もちろん、「スーパー銭湯」の台頭の中で銭湯がその数を減らした可能性は否定できないが、例えば岐阜県では銭湯の代わりに共同浴場としての温泉が数多くあることも考えると、愛知県はさらに人口の割に銭湯の少ない地域であったといえる。しかも、銭湯の大部分は名古屋市内に集中してきた。名古屋市以外の尾張地区、三河地区は、銭湯の極めて少ない、いわば銭湯の「空白地域」であった。「スーパー銭湯」は、こうした地域をねらい打ちし、自宅に内風呂はあっても料金や設備、サービス次第によっては「スーパー銭湯」を利用したいという、消費者のニーズを掘り起こしたといえよう。

さらに、「スーパー銭湯」業者からの視点として、業者に対して直接行った聞き取りをもとに、各業者が愛知県においてどのような経緯で出店していったのかについても紹介してみる。

愛知県において初期に出店した「スーパー銭湯」は、当然のことながら「スーパー銭湯」という明確なコンセプトをもって出店したわけではなかった。例えば、聞き取り（表3―2）によれば、県内で最初に出店した「竜泉寺の湯」はレジャー関連企業が経営母体であり、経営者自身がいわゆる「健康ランド」をヒントとして独自に考案したモデルをもとに、1989年に開業を果たした。

表 3-2　2000 年代までに愛知県内（名古屋市・尾張地区）に出店した「スーパー銭湯」の出店経緯と店舗の傾向（各店の聞き取り調査より作成）

	85～94年出店		95～96年出店		97年～出店	
名古屋市内	竜泉寺の湯 今池スオミの湯 ポカリの泉中川店	レジャー産業用地を転用。北陸の温浴施設（健康ランドなど）をモデルにオリジナルの企画，設計。施設的には画一化されていない。	ぽかぽか温泉守山乃湯 天然温泉コロナの湯 天の湯 桃山の湯 和漢薬温泉DANDA		スーパー銭湯中川の湯 湯の里 天然温泉白鳥の湯 滝のみずゆ～ゆ	駐車場や空き地を活用。事業主体や経営方針により設計や形態も様々。そのため施設・サービスなども一様ではない。広大な駐車場・豊富な浴槽など施設の豪華さや，営業時間の延長，備品（石鹸・シャンプー等）の常備，温泉を使用するなどサービス面での差別化が競われる。
尾張地方			湯の森江南店 クアメゾン四季の湯 旭湯津島 ポカリの泉一宮店 BISAI湯友楽 稲沢ふれあいの湯 アクアタウン湯の森一宮店	紡績工場等の遊休地と施設を再活用。設計・施工を少数の設計事務所が一手に手がける。施設・サービスなどは画一的。		

ただし文献によると、同店はこの開業の時点ですでに、後に愛知県の「スーパー銭湯」の常識となる、従来型銭湯よりも数十円高いだけの料金での入浴および「サウナ入り放題」サービスを打ち出している（文献3―7）。そして、その敷地は本来、同社がレジャー産業用地として確保していた土地を転用したものであった。のちに県内に数店のチェーンを形成した同社のほかに、県内に数多くあるショッピングセンターが母体となった「スーパー銭湯」も複数ある。こうした業社への聞き取りによれば、もともとあった郊外のショッピングセンターの規模を拡大する際に、「スーパー銭湯」が併設されている。他の施設と複合化することで、互いの集客力が活用でき、また、利用者にとっても待ち時間を活用してもらえる、といった相乗効果が期待できるという。

また、1994―95年にかけて、とくに尾張地区北部で多数出店した「スーパー銭湯」店舗について業者への聞き取りを行うと、愛知県ならではの他業種企業からの参入が大きく関わっていることが明らかとなる（表3―2）。まず挙げられるのは、同時期に、労働力の高齢化や輸入製品の拡大などの要因から工場や事業規模の縮小を迫られていった、繊維関連企業からの参入である。繊維工場などの跡地は広大な敷地となり、さらに水源や、浄化および排水設備を有していることが多い。このことから、それらの設備を流用でき、かつ特殊なノウハウの必要のない「スーパー銭湯」へは、参入が容易であると想定されていた、とのことである。また、愛知県内ではその数が多く、競合が発生しやすいパチンコ店業者からの参入も挙げられる。パチンコ店の跡地を流用する場合、水関係の施設は新規に整備する必要があるが、主要道路沿いという良好な敷地と、広大な駐車場とがもともと用意されている。ほかに、ゴルフ練習場からの敷地の転用といった事例も確認された。なお、尾張地区北部ではこうした他業種企業からの参入が多い中で、「スーパー銭湯」各店舗の設計および施工が、いくつかの設計会社によって独占的になされることとなった。そのため、各店舗内の設備は画一的なものとなっている。

以上の聞き取りの結果からは、愛知県に多い郊外立地型の各企業が、本業の不振により不必要となった敷地を転用する際に、特殊なノウハウを必要とせず、比較的短期間に採算点に達しやすい「スーパー銭湯」に着目した、という共通点が見いだされる。このように愛知県は、「スーパー銭湯」が集中して立地しやすく、また開業コストを下げやすい条件を備えた地域であったと推測される。そして、従来からの銭湯とさほど変わらない料金で多様な設備を利用でき、広大な駐車場も完

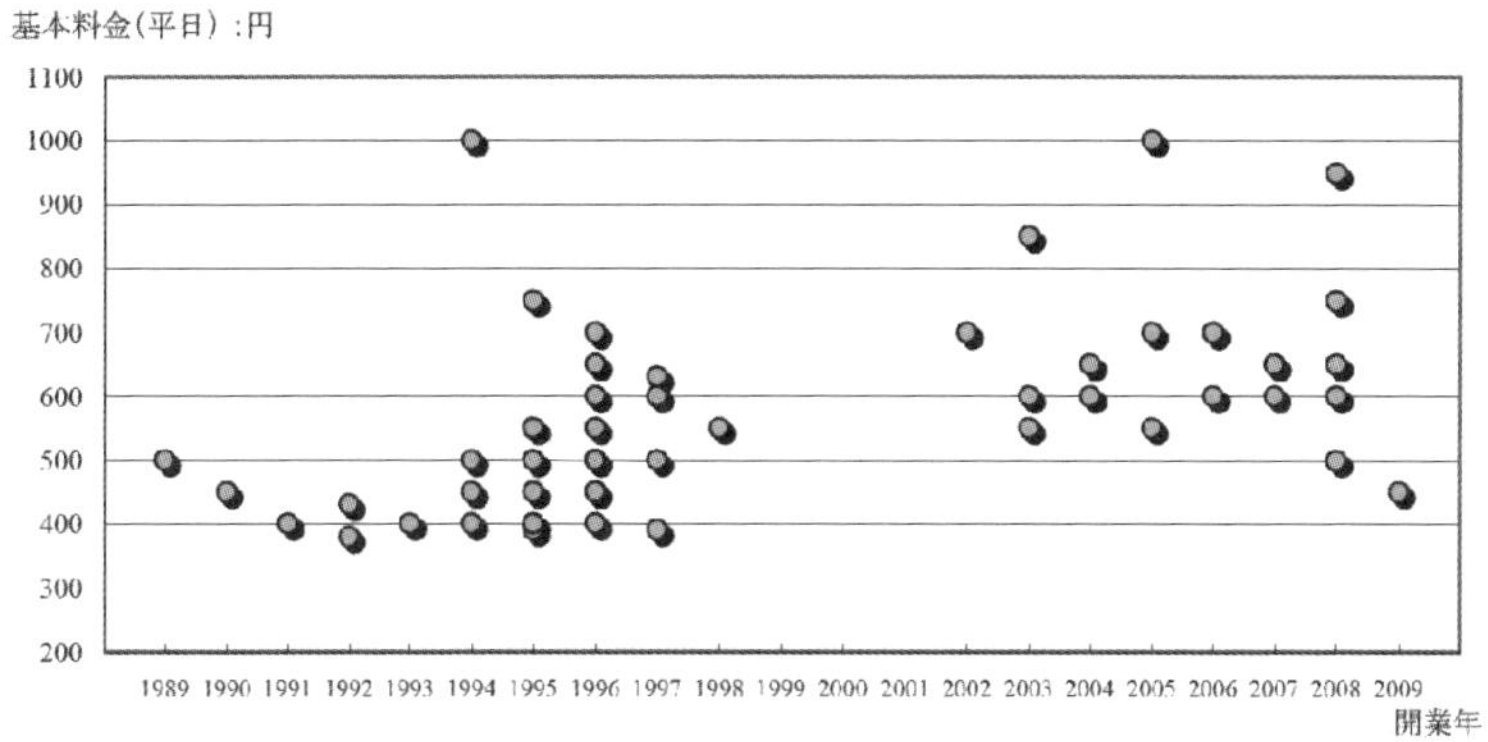

図 3-4　愛知県内における「スーパー銭湯」開業年と平日大人料金（非会員料金・チケット非利用）との関係（2009 年 10 月現在）

備した「スーパー銭湯」は、多くの利用者を集めることとなった。また、多くの「スーパー銭湯」は愛知県内の喫茶店などと同様に、会員（割引）制あるいは「チケット」制を採っており、これも、リピーター利用を喚起し効率よく集客する、愛知県らしい商法といえよう。

　しかし先述したように、このようにして県内のいくつかの都市で集中的に出店したために、地区によっては「スーパー銭湯」どうしが競合するところも出ている。そこで、店舗の中には、天然温泉水を用いたり、軽食コーナーを本格的な飲食施設に変更したりしてサービスを強化するなど、差別化を図ったものがみられてきた。また、こうしたサービス強化に加えて、一度に入場させる利用客数に制限を設け、ゆったりと入浴できるように転換した「スーパー銭湯」もみられるが、これらのサービス強化は料金にはねかえることとなる。これらの「スーパー銭湯」は、高い料金を支払ってでも高いサービスを期待する利用客をターゲットとしており、その料金は600―1000円と高額になって、別名「ハイパー銭湯」とも呼ばれている（文献

3―8)。そして、1990年代半ば以前に開業した店舗と、とくに2000年代以降に入ってから開業した店舗とでは、現在（2009年）に至っての料金価格帯が明らかに異なっている(図3―4)。ただし、これら料金設定の高い「スーパー銭湯」は、初期の店舗では使用が有料であるところも多かったドライヤーや、各自による持参や購入が求められていた石けん・シャンプーなどが常備され、自由に使えるようになっているのが一般的で、手ぶらに近い形で来店した利用者にとっては割安となる(表3―1)。

一方で、初期に開業した「スーパー銭湯」の店舗の多くは、現在（2009年）に至っても料金をさほど上げず、健闘している。そして、料金はそのまま、あるいは値下げを行いつつ、24時間営業を目指して営業時間を延長したり、来店していったん入浴券を購入すると、その日のうちは何度でも入浴できる「フリー入浴制」を実施したりしている店舗もみられる。ただし、こうした差別化は、多額の設備投資を求め、または回収期間を長引かせることになる。そこで、すでに1996年頃から「資本力を持つ大手だけが残ることになりかねないため、値下げ合戦だけは避けたい(文献3―9)」という警戒の声もみられていた。

＞「スーパー銭湯」と愛知県の人びと＜

愛知県の「スーパー銭湯」を支えているのは、業者だけではない。ここでは、実際の利用者に対する調査をもとに、愛知県の人々が「スーパー銭湯」をどのように利用しているのか、その状況を明らかにする。なお調査は、1998年9—10月に複数の店舗を対象として行ったものであり、調査データとしては古くなってしまったが、愛知県の人々がどのように「スーパー銭湯」を受け入れていったのか、その一端を示すものとして紹介したい。

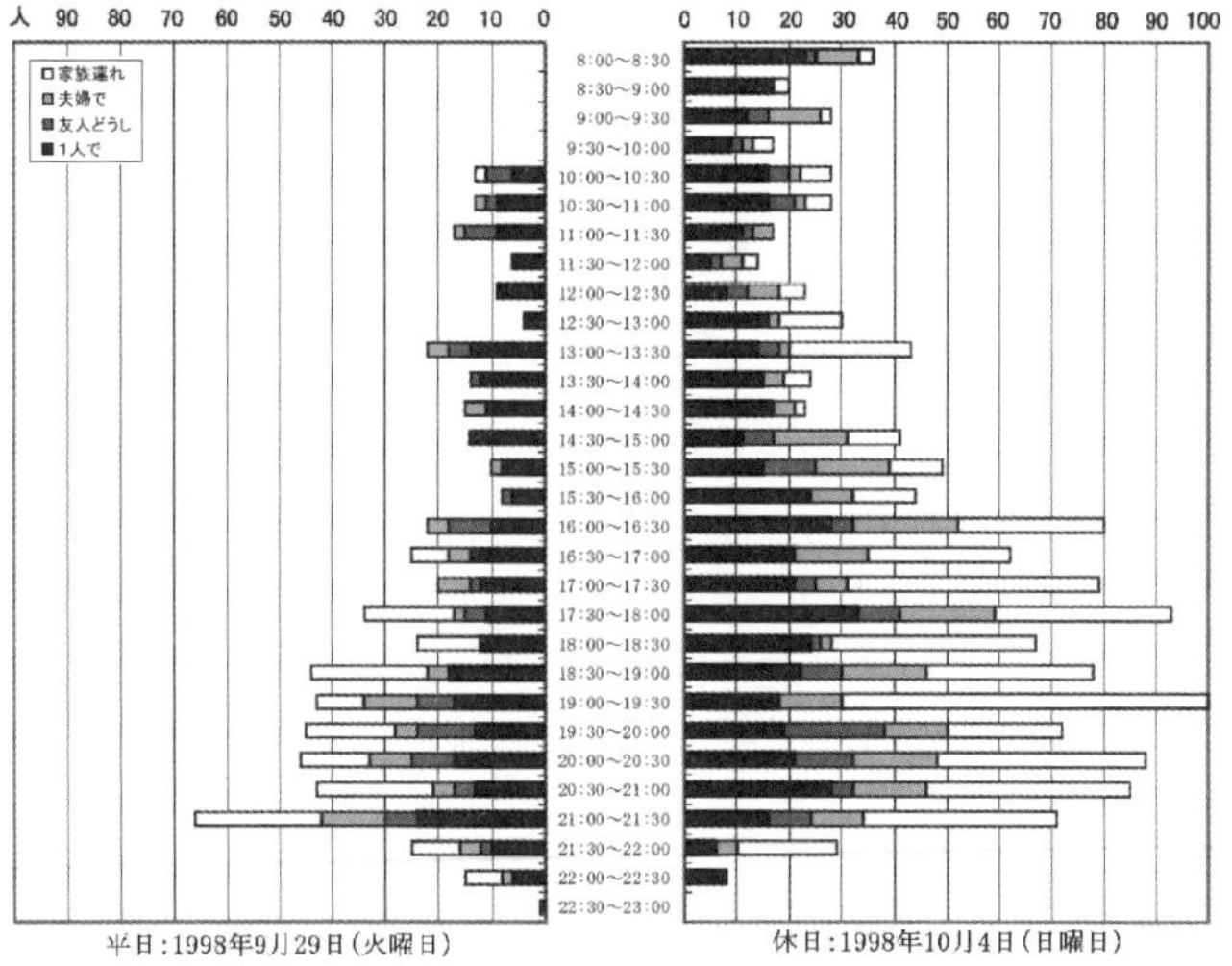

図 3-5　S店における時間帯ごとの利用者数と来店形態

　ここで紹介する調査内容は、早い時期から「スーパー銭湯」が集中的に立地した尾張地区北部、一宮市に開業したS店で行ったものである。S店は1995年に、一宮市の中でも郊外地区の、江南市との境界近くに開業した（現在でも営業を続けている）。事業主体は、紡績業から転換した企業であり、かつての自社工場の跡地を活用して「スーパー銭湯」を開業することとなった。このS店において、平日と休日の2日を設定して行った調査では、開店から閉店までの時間帯別の利用者数や、利用者の性別および年齢層などについて調査した。

　その結果、まず、平日よりも休日の方が圧

倒的に利用者が多いことが明らかとなった。休日の利用者数を押し上げているのは、夕方16時以降の家族連れの来店の増加である。ただし、友人関係での来店も多い。そして平日でも、30分あたり

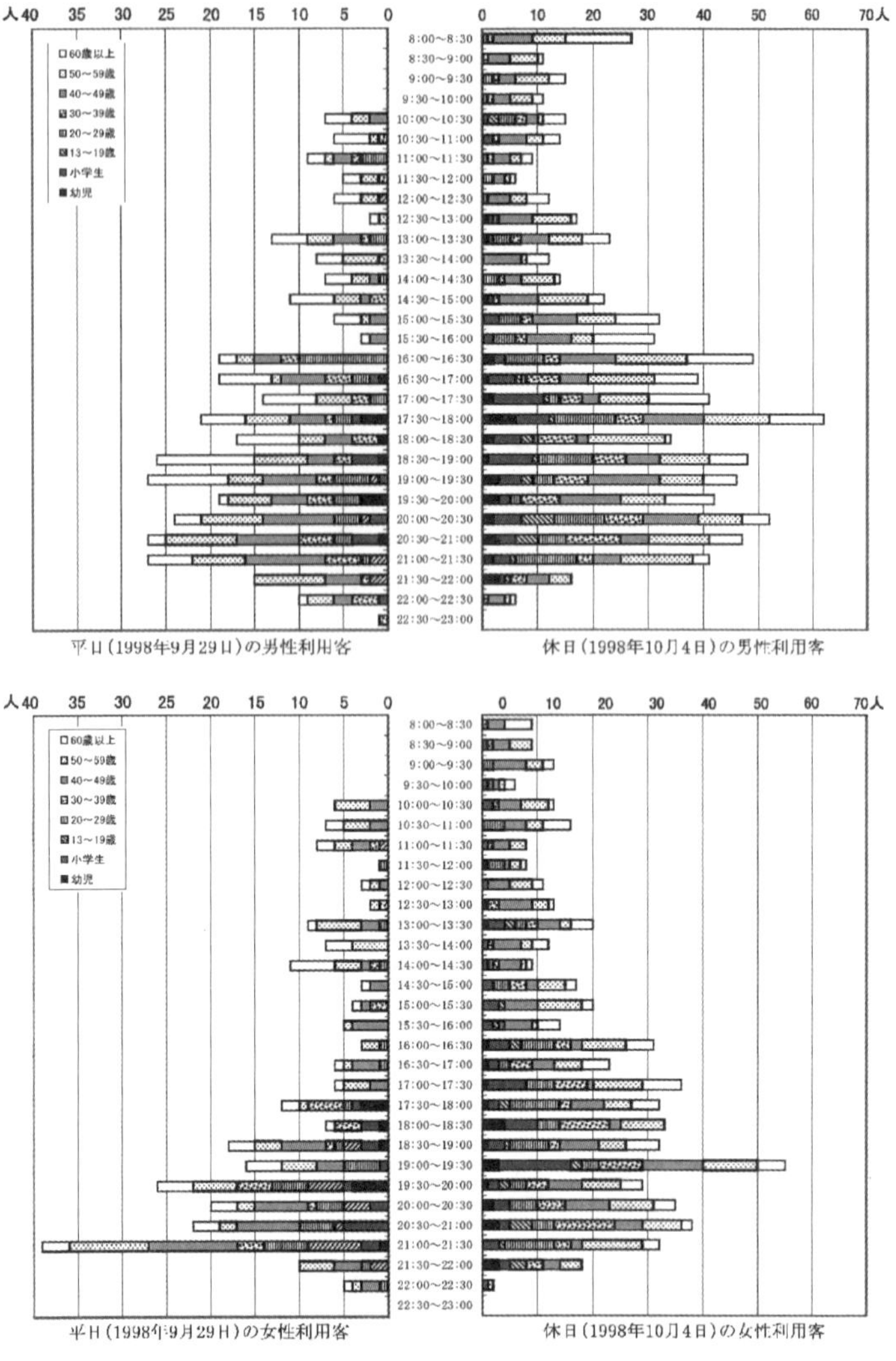

図 3-6　S 店における時間帯ごとの利用者の性別・年齢

最低でも10名程度の利用者が店内にいる計算となる（図3―5）。続いて、利用者の性別および年齢層についてみてみる（図3―6）と、全体的に、女性よりも男性の利用者が多く、男性は19時前後に利用者数のピークをみせるのに対して、女性は利用者数のピークが現れる時間が若干遅かった。ところで、夕方からの利用者の急増の中で利用者の年齢層が分散するのは、家族連れの影響であろう。なお、高齢の利用者はあらゆる時間帯においてみられるが、それらの人々は、友人どうしでといった来店形態が多かった。これらの傾向は、愛知県内（名古屋市中川区）にある別の店舗で行った調査においても、ほぼ同様であった。

また調査では、対象者が全体的に高い年齢層に偏っているものの、S店の利用者に対する、より具体的な聞き取りを行っている（表3―3・3―4）。調査の結果、聞き取り対象者で自宅に「内風呂」の無い人は皆無であった。そして、ほとんどの利用者は、週に一、二回、徒歩ではなく自家用車に乗って「スーパー銭湯」に来店していた。なお、平日と休日との客層の差としては、平日は比較的遠距離から定期的に来店する利用者が多く、休日はそれに、比較的近距離から不定期的に来店する夫婦や家族連れが加わった結果、全体的な利用客数が増加するという傾向が挙げられる。

加えて、大部分の利用者はS店のみを利用しているわけではなく、気分などに応じて他店との使い分けを行っていることも明らかとなった。そこで聞き取り調査では、これらの利用者が、S店以外の他店を含めた「スーパー銭湯」をどのように利用してきたかについても調査を行った（表3―5）。その結果、ほとんどの利用者は内風呂のみの利用から、1995年のS店の開業と共に同店などの「スーパー銭湯」を不定期に利用するようになり、さらにその後、他店が続々と開業して

表 3-3　S店における聞き取り対象者（※ 平日）

番号	年齢	性別	利用人数		利用頻度	交通手段	所要時間	現住地	他店利用	内風呂	来店目的
1	70代	男	3人	妻と友人	週1回	車	5分以内	一宮市	有	有	リラクゼーション
2	70代	女	2人	夫婦	週2,3回	車	10～20分	江南市	無	有	リラクゼーション
3	70代	女	2人	家族	週2回	車	20～30分	西春町	有	有	健康のため
4	60代	男	1人		週1,2回	車	5分以内	一宮市	無	有	リラクゼーション
5	60代	男	1人		初めて	車	5～10分	一宮市	無	有	電気風呂
6	60代	男	1人		週2回	車	5～10分	一宮市	無	有	リラクゼーション
7	60代	男	1人		毎日	車	5～10分	江南市	有	有	リラクゼーション
8	60代	男	1人		週1回	車	5～10分	江南市	有	有	リラクゼーション
9	60代	女	2人	友人	週1回	徒歩	50～60分	江南市	有	有	健康のため
10	60代	女	3人	友人	週1回	自転車	10～20分	一宮市	有	有	リラクゼーション
11	60代	女	3人	友人	週1回	車	5～10分	江南市	有	有	リラクゼーション
12	50代	男	1人		月1回	車	5～10分	岩倉市	有	有	リラクゼーション
13	50代	男	1人		週3回	車	10～20分	岩倉市	有	有	リラクゼーション
14	50代	男	1人		2回目	車			有	有	気分転換
15	50代	男	1人		2回目	車	20～30分	西春町	有	有	気分転換
16	50代	男	2人	友人	初めて	車	5～10分	一宮市	無	有	リラクゼーション
17	50代	男	2人	友人	週1回	車	5～10分	一宮市	有	有	リラクゼーション
18	50代	男	2人	友人	週2回	車	10～20分	一宮市	有	有	リラクゼーション
19	50代	男	2人	友人	週1回	車	10～20分	一宮市	有	有	リラクゼーション
20	50代	男	2人	家族	週2回	車	20～30分	西春町	有	有	健康のため
21	40代	男	1人		週1回	車	5～10分	一宮市	有	有	リラクゼーション
22	40代	女	1人		週1回	車	10～20分	丹羽郡	有	有	リラクゼーション
23	40代	女	2人	友人	週1回	徒歩	50～60分	江南市	有	有	健康のため
24	30代	男	1人		週2回	車	5～10分	一宮市	有	有	気分転換
25	20代	女	1人		月1回	車	5～10分	岩倉市	有	有	リラクゼーション

＊1998年9月22日（火）

表 3-4　S店における聞き取り対象者（※ 休日）

番号	年齢	性別	利用人数		利用頻度	交通手段	所要時間	現住地	他店利用	内風呂	来店目的
51	70代	女	1人		週2回	自転車	10～20分	江南市	有	有	健康のため
52	70代	女	2人	夫婦	月3回	車	5分以内	江南市	無	有	リラクゼーション
53	60代	男	1人		週2回	バイク	10～20分	江南市	無	有	健康のため
54	60代	男	1人		月1回	車	20～30分	小牧市	有	有	リラクゼーション
55	60代	男	2人	家族	月1回	車	5～10分	一宮市	無	有	リラクゼーション
56	60代	男	2人	友人	月2回	車	10～20分	一宮市	有	有	リラクゼーション
57	60代	男	2人	友人	月3回	車	10～20分	一宮市	有	有	リラクゼーション
58	60代	女	2人	家族	週2回	車	5～10分	一宮市	有	有	リラクゼーション
59	60代	女	2人	家族	ときどき	車	10～20分	一宮市	有	有	リラクゼーション
60	60代	女	2人	家族	月3回	車	10～20分	一宮市	有	有	リラクゼーション
61	60代	女	2人	夫婦	週2回	車	10～20分	一宮市	有	有	健康のため
62	60代	女	2人	夫婦	週1回	車	10～20分	江南市	有	有	リラクゼーション
63	60代	女	2人	夫婦	週1回	車	20～30分	一宮市	有	有	リラクゼーション
64	60代	女	3人	家族	週1回	車	5～10分	一宮市	無	有	リラクゼーション
65	50代	男	1人		1日おき	車	5分以内	一宮市	有	有	リラクゼーション
66	50代	男	1人		週1回	車	5～10分	一宮市	有	有	リラクゼーション
67	50代	男	1人		週1回	車	5～10分	江南市	有	有	リラクゼーション
68	50代	男	1人		毎日	車	5～10分	江南市	有	有	リラクゼーション
69	50代	男	1人		ときどき	車	10～20分	一宮市	無	有	リラクゼーション
70	50代	男	1人		月2,3回	車	20～30分	西春町	無	有	電気風呂
71	50代	男	2人	友人	ときどき	車	5～10分	一宮市	無	有	リラクゼーション
72	50代	男	2人	夫婦	週3回	車	5～10分	江南市	有	有	サウナ
73	50代	男	2人	夫婦	月2回	車	10～20分	一宮市	有	有	リラクゼーション
74	50代	男	2人	夫婦	月2,3回	車	10～20分	岩倉市	有	有	リラクゼーション
75	50代	女	2人	夫婦	週2回	車	5分以内	江南市	有	有	リラクゼーション
76	50代	女	2人	夫婦	週1回	車	5分以内	江南市	無	有	サウナ
77	50代	女	3人	友人	毎日	自転車	5分以内	一宮市	有	有	サウナ
78	40代	男	1人		週2回	車	10～20分	岩倉市	有	有	電気風呂
79	40代	男	3人	家族	週2回	車	5～10分	一宮市	有	有	リラクゼーション
80	40代	男	3人	家族	週1回	車	5～10分	江南市	有	有	リラクゼーション
81	40代	女	2人	夫婦	月2回	車	10～20分	一宮市	有	有	リラクゼーション
82	40代	女	2人	夫婦	月2,3回	車	10～20分	岩倉市	有	有	リラクゼーション
83	30代	男	2人	夫婦	月2回	車	5分以内	江南市	有	有	リラクゼーション
84	20代	男	1人		週1回	車	10～20分	江南市	有	有	サウナ

＊1998年9月27日（日）

表 3-5　S 店 R 利用者のそれまでの入浴施設利用

～1994年	1995年(S店開店当時)	1996～97年	1998年現在	平日＊＊	休日＊＊
A 内風呂	S店(2)＊, 内風呂	S店(1), 内風呂	→	2,6	64,76
		S店(1), 他店(2), 内風呂	→	19	63,66
		S店(2), 内風呂	→		71
		S店(2), 他店(2), 内風呂	→	15	81
	S店(2), 他店(2), 内風呂	S店(1)	→		77
		S店(1), 他店(2), 内風呂	→	1,9,11,13,17,22,23	72,75,78,79,80
	他店(2), 内風呂	S店(1), 他店(2), 内風呂	→	8,20	
		S店(2), 他店(2), 内風呂	→	12	
		S店(2), 他店(1), 内風呂	→		83
		他店(1), 内風呂	S店(1), 他店(2), 内風呂		84
	内風呂	S店(1), 他店(2), 内風呂	→	21	
		S店(2), 内風呂	→		69
		S店(2), 他店(2), 内風呂	→		74
		他店(2), 内風呂	S店(2), 他店(2), 内風呂	14,25	
		内風呂	S店(2), 他店(2), 内風呂		82
			S店(2), 内風呂	5,16	52
B 温浴施設(2), 内風呂	S店(2), 温浴施設(2), 内風呂	S店(1), 温浴施設(2)	→		65
		S店(1), 温浴施設(2), 内風呂	→	4,18	53
		S店(1), 他店(2), 内風呂	→		61
		S店(2), 温浴施設(2), 内風呂	→		55,70
		S店(2), 他店(2), 温浴施設(2), 内風呂	→		60,73
	S店(2), 他店(2), 温浴施設(2), 内風呂	S店(1)	→	7	68
		S店(1), 他店(2), 温浴施設(2), 内風呂	→	10,24	51,58,62
		S店(2), 他店(2), 温浴施設(2), 内風呂	→		54,56,57,59
	他店(2), 温浴施設(2), 内風呂	S店(1), 他店(2), 温浴施設(2), 内風呂	S店(1), 内風呂		67
C 温浴施設(1), 内風呂	他店(2), 温浴施設(1), 内風呂	S店(1), 他店(2), 温浴施設(1), 内風呂	S店(1), 他店(2), 温浴施設(1), 内風呂	3	

＊(1)は定期利用, (2)は不定期利用

＊＊以下の数字は表3-3, 表3-4の回答者番号に対応する.

いったのに伴って、様々な店舗の中で使い分けを決めていった過程が明らかとなった。とくに、いったんS店の開業とともに他店も利用するようになり、その後もS店と他店とを並行して利用し続けている利用者が圧倒的に多かった。そして注目したいのは、相対的に休日の利用者の方が、S店の開業以前から不定期ながらも「スーパー銭湯」以外の温浴施設、すなわちサウナや健康ランドを利用していた人々が多いことであった。このことから、「スーパー銭湯」は、休日に多くの家族連れなどが利用していた他の温浴施設を代替する形で、利用者を取り込んでいったことが想定される。

これらの調査結果からは、愛知県の人々が「スーパー銭湯」を単なる入浴

施設としてだけでなく、高齢者にとっての交流の場や、休日の家族連れにとっての一種のレジャー施設として利用していることが明らかとなった。しかも、「スーパー銭湯」の利用者を次々と確保できる背景としては、もともと自家用車を用いて様々な温浴施設へと出かけることに抵抗が少なかったという、愛知県ならではの事情が寄与していた。

＞愛知県の「スーパー銭湯」の今後＜

以上みてきたように、愛知県における「スーパー銭湯」は、１９９０年代に急激な拡大をみせたことが示される。そして全体的には、市街地内に多い普通公衆浴場、すなわち従来からの銭湯との空間的すみ分けを図りながら、愛知県内のとくに市街地郊外に、多くの「スーパー銭湯」が展開していった。そこでは、愛知県ならではの企業からの参入が大きく関わっていた。また、自家用車の所有率が高く、それを前提とした郊外立地型施設の立地や、その利用者がもともと多いという、愛知県ならではの条件が作用していた可能性も挙げられる。こうしたことから、愛知県における「スーパー銭湯」は、業社側のメリットだけでなく、それを受け入れる愛知県の人々に支えられて展開したことが指摘できた。

ただし先述したように、愛知県における「スーパー銭湯」は１９９０年代半ば以降、一部の地域で集中立地により、飽和状態となったところもみられている。愛知県における「スーパー銭湯」はもはや、成熟期を越えて、「淘汰」の時期に突入している。そして、出店が集中した１９９０年代半ばまでに開業した「スーパー銭湯」店舗は、それから10数年を経て、現在までに更新期を迎えているといえよう。大幅な改装を行い、店舗名まで変えてリニューアルを決行した店舗もみられる一方、近隣に別の店舗の出店をみたような店舗は、この間20店舗近くが閉店した。近年では「岩盤浴」施設を充実させた店舗も増えてきた「スーパー銭湯」が、愛知県ならではの立地条件や利用者のニーズに応じていかなる変容を遂げていくのか、今後も注視していきたい。

なお追記しておくと、本稿は、地方自治体によって設置された温浴施設を除外した分析となっている。実際には豊田市、蒲郡市などの西三河地区において、ごみ焼却施設の廃熱などを利用した温浴施設が複数設置されており、一見すると「スーパー銭湯」と同様の施設が展開していることを確認することができる。こうした新しい形での温浴施設の展開についても、今後機会があれば追跡してみたい。

第Ⅳ章 名古屋の〝お値打ち〟サービスとは

以上、愛知県春日井市および一宮市の各種喫茶店、そして愛知県内の「スーパー銭湯」をみてきた。その結果をもとに、名古屋の〝お値打ち〟サービスの世界をあらためて考えたい。

まず、これら喫茶店およびスーパー銭湯のサービスにみるように、それらは決して、単にサービスの質を落として料金を下げているわけではない。むしろ、低料金を維持したままサービスを向上させている。例えば、愛知県内の喫茶店の多くは、コーヒーなど飲み物単品の料金のままで本体(飲み物)を圧倒するおかずを付ける「モーニング」サービスを、当然のように行なっている。また、今回とくに〝お値打ち〟サービスの集大成として挙げた愛知県の「スーパー銭湯」では、多くの店舗が従来の銭湯とさほど変わらない料金のままで、サウナや露天風呂などまでを利用できるように設定されている。いずれも、「この料金(価格)ならこれくらいのサービスだろう」と想定されるものを超えるサービスを提供しようとしているという共通点を持つ。また、これら名古屋の〝お値打ち〟サービスの提供の前提となっているのは、基本的に「入店時に示される料金」「入店後最初に払ってもらう料金」でフルサービスを提供し、その後利用者に一切の追加料金の心配をさせない、という発想である。

東京や大阪の大都市圏では、地価などが高いこともあって、開業および営業コストが多くかかる。そこで、例えばコーヒーなど飲み物だけ、入浴だけといったようにサービスを限定することで、料金を下げる必要がある。一方で、入店後もっとおかずもほしい、サウナにも入りたいといった、さらなるサービスを必要とする利用者には別に追加料金を支払ってもらってサービスを受けてもらう、といった考え方が定着しやすい。

しかし、出費（出資？）に慎重になりやすい名古屋大都市圏の人々は、さらにどのようなサービスが受けられるのかが分からないまま、追加料金を払ってまでそのサービスに期待することは難しいのかもしれない。例え喫茶店で豪華なおかずを、「スーパー銭湯」でサウナを準備しても、追加料金制にしてしまっては少ない利用にとどまってしまう可能性がある。そうなると、その少数となるかもしれない利用客から集めた追加料金だけで豪華なおかずや、サウナを用意しておかなければならないというリスクが生じる。とくに喫茶店の場合、もし「モーニング」サービスを頼む利用者が極端に少なくなった場合には、サービスのために確保していた材料を無駄にし、より採算を悪化させてしまうであろう。そして名古屋大都市圏では、地価の安さなどから、もし飲み物だけ、入浴だけであれば他の大都市圏と比べてもっと料金を下げられる可能性があるという前提のもと、豪華なおかずやサウナを全ての利用者に提供・開放する代わりに、そのコストを広く薄く負担してもらう形を採っている。その結果利用者が増え、安定してサービスを提供できるようにしておけば、かえってコストを下げることが可能となる。実際に、愛知県内における初期の「スーパー銭湯」には、本来200円程度の追加料金を取って利用してもらいたいサウナなど豪華な施設を、数十円だけ高い料金設定とすることで全利用者に開放する発想が明確にあったことが指摘されている（文献4―1）。

また、名古屋大都市圏では、あえて「モーニング」サービスやサウナを込みの料金とし、それぞれを受けない、使わなかった場合でも料金が変わらないシステムとすることが一般的であるが、これも利用者の心理をよく突いている。「モーニング」サービスを受けられない時間帯にコーヒーなどを飲んでしまった喫茶店利用者や、サウナに入らなかった「スーパー銭湯」利用者は、計算上もっと安い料金で済むはずであり、損をしているともいえる。こうした利用者から余分に得られた利益が、「モーニング」サービスやサウナの費用に回っている可能性がある。そこでもし、「モーニング」サービスを受けなかった場合の料金、サウナに入らなかった場合の本来の料金が別に設定され、明記されてしまえば、利用者はそれらのサービスを受けるために支払っている追加料金に容易に気付いてしまう。そうなれば、そもそもサービスを受けようとする利用者も減ると同時に、もし時間外などでサービスを受けられなかった場合の不平等感も増すこととなる。なお、これまでキーワードとしても「追加料金」という言葉を使い続けてきたが、実は名古屋大都市圏における喫茶店や「スーパー銭湯」の利用者の多くは、サービスを受けるために実は「追加料金」を払っている可能性があることに気付かない形となっている。しかし、その「追加料金」が表向きよく分からないおかげで、意識しないまま皆に「追加料金」を広く浅く負担してもらうことができ、結果的に利用者は、少ない負担で広く、豊かな〝お値打ち〟なサービスを享受できているといえよう。このような一連の考え方は、ただでさえ原価が高い他の大都市圏では容易に発揮できるものではない。「過剰なサービスは不要なので、少しでも料金を下げて欲しい」といった利用者が続出する可能性がある中で、実は東京や大阪の大都市圏では、今でもサウナは別料金という店は少なくないのである。

さらに、名古屋大都市圏では、幅広いサービスについて「チケット」制が定着している。例えば、表向きの料金ではかなり横並びで、極端な価格競争をしているように見えない愛知県内の喫茶店も、実際にはこの「チケット」で値引き競争を行っている形となる。あらかじめ購入しておけば、1回あたりのコーヒー（＋「モーニング」サービス）料金や、1回あたりの入浴料を下げることのできる「チケット」は、さらに〝お値打ち〟感を高め、この地方の利用者の心をくすぐることとなる。店舗側にとっても、利用者を囲い込むことができるし、万が一利用者が店舗への足を遠のかせても、残った「チケット」は店舗側にあり、その分は丸もうけになるだけである。

しかも名古屋大都市圏では、こうした〝お値打ち〟サービスが今後も新たに登場し、また続いていくであろう。そう考えさせてくれるのが、とくに愛知県の「スーパー銭湯」がたどってきた道であった。名古屋大都市圏において、1990年代中盤に本格的に展開した「スーパー銭湯」は、工場の跡地や他の娯楽施設の跡地と、それらの施設が持っていた水道施設や駐車場を活用することによって開業のコストを下げた。そして、自由競争の前提のもとで、既存の銭湯とさほど変わらない料金でありながら、利用してみると従来の銭湯をはるかに超えるサービスを受けることができるという〝お値打ち〟感をもって、名古屋大都市圏において定着した。こうした料金設定や敷地をふんだんに使った豪華な施設はおそらく、地価が高く、また土地に余裕の無い東京や大阪大都市圏では困難であったと思われる。

そして名古屋大都市圏では、これら開業の早い「スーパー銭湯」が、減価償却が進んだこともあって現在でもほぼ料金を引き上げずに至っている。その一方で、最近になって開業した「スーパー銭湯」は本来、高くなってしまった開業コストを料金に反映させようとするところであるが、すでに定着した「スーパー銭湯」の他店の料金を意識すると、それに追随せざるを得なくなっている。かくして、新しく開業する店も、容易に料金を上げることはできず、むしろ他店舗を超えるサービスを目指していくこととなる。

このように、「モーニング」サービスや、「スーパー銭湯」は、その起源こそ他の大都市圏などに譲るものの、そのサービスに〝お値打ち〟感を持たせることによって、名古屋大都市圏において見事に定着した。実際に、この地方に定着したサービスの内実は、他の大都市圏におけるそれと一線を画している。いわば「名古屋式」にアレンジされたサービスは、〝お値打ち〟を求めるこの地方の人々の心を完全に掴んだといえよう。

おわりに

本書では紙面の都合もあり、同時進行で調べを進めている愛知県のカラオケボックスのサービスなどについて説明することができなかったが、実は県内の多くの店舗で、通称「フリータイム」「オール」といった料金体系が一般的であることを明らかにしつつある。前者は、ある程度の時間までは例え何人で入店し何曲歌ったとしても、料金は一室あたりいくらの先払いであり、後者は、深夜遅く入店すると、同様に朝まで居続けることができるシステムである。居続ける時間が長くなればなるほど、また曲をリクエストするたびに料金が加算されるなどというシステムは、都心地区の店舗に限られていた。同じくマンガ喫茶も、全国的には時間料金制が一般的であるが、名古屋大都市圏では、最初の一杯の飲み物分だけ料金を頂戴したあとは、ある程度の時間までは何冊マンガを読んでも構わないというシステムを採っている店舗が少なくない。利用者の、いったん料金を支払った以上、元を取った上にさらに最大限にサービスを使わせてもらおうという〝お値打ち〟を求める欲求と、入店のあとは一切追加料金の心配をしたくないという慎重さを見事にくすぐるシステムである。かつて全国に広がったマンガ喫茶は、いったん衰退の憂き目をみて、近年再び盛り返してきているが、中でも愛知県は、人口あたりのマンガ喫茶の店舗数が異常に多くなっている（文献

5―1)。ここに、先述した「名古屋式」のサービスが貢献しているのかもしれない。

と、ここまで名古屋の〝お値打ち〟サービスについてみてきたが、読者の中には「何を当たり前のことを調べているのか」とお考えの方も多数いらっしゃるかもしれない。そうした方々は、おそらくこの名古屋大都市圏のご出身の方の確率が高いであろう。

実は、私がはじめて、本書で紹介したような様々なサービスにふれたのは、たかだか十数年前の1997年のことであった。当時、名古屋のとある大学の大学院に進学し、指導教授に連れられて名古屋市内のとある喫茶店(実は、指導教授のご家族が店舗オーナーらしいのだが)に向かい、「ここで朝食を食べよう」と言われた時、正直私は戸惑った。なぜなら、そもそも私にとって喫茶店は食事をするところという認識がなく、さらに貧乏学生だった私は、当日あまり持ち合わせがなかったためである。入店してまず驚かされたのは、マスターとおぼしき方がわれわれを見て、「新しい学生さんですか?(人数よりも数名分少なく)サービスで2回分にしときますよ」と言いながら、壁に貼られたチケットをピリピリとちぎりだしたことだった。さらに、「あまり持ち合わせがないのでコーヒーだけで良いです」といった私に対して、指導教授は「やはり」と言わんばかりに、ニヤニヤされていた。そして、出てきた豪華な〝おかず〟を、「これはサービスだよ」と言われながらも最後までお勘定を気にしつつ食べ続けたことが忘れられない。このように私は、この地方での喫茶店の「モーニング」サービスは、知らない他の地方の人々からすればまず「このおかずが無かったら(コーヒーなどだけ限定して注文していたら)、本来はどこまで安くなるのだろう」という印象を与えるものであると、今でも考えている。また、当時、一宮市出身の後輩に「『モーニング』サービスの料金ってだいたい、(コーヒーとかの料金のほかに)いくらくらいなの?」と尋ね、怪訝《けげん》な顔をされた思い出がある。この質問は、本書の内容でおわかりいただけるように、今考えれば愚問だったことになる。

これらのエピソードで分かるように、私は愛知県、またはこの東海地方の出身者ではない。そしてさらに、私の本業は、韓国・台湾など東アジアの都市や農村の、近代以降における土地利用および土地所有関係の変化や、それらの地域の変化と「風水」との関わりを追究するといった、歴史地理学といわれる分野の研究であったりする。本書では、一見するとそうした研究と無関係にみえる名古屋の〝お値打ち〟サービスについてみてきたが、実は私としては共通点が一切ないわけではないと考えている。私が韓国や台湾で研究しているのは、現地の方々にとっては当たり前の文化のもとで起こった地域の変化であるが、そこに日本人である私が入ることによって、その背景となる文化の特色をより明確に浮かび上がらせることができるのではないかと信じている。同じように名古屋の〝お値打ち〟サービスも、この地域の出身者でない私だからこそ気付く特色があるのではないかと期待している。

なおほかに、私は「データをして語らしむ(データに語らせる)」というポリシーのもとで本業の研究を行っているが、本書でもそうした世界を垣間見ていただければ幸いである。一部の喫茶店で行われている過激な「モーニング」サービス、とあるきらびやかな「スーパー銭湯」店舗のサービスのみを紹介することでも、名古屋の〝お値打ち〟サービスを語ることができるかもしれない。しかしそれでは、果たしてそれらのサービスは実際に多くの店舗で行われている一般的なサービスといえるのか、また広い地域で行われているサービスなのかどうかを検証することはできない。可能な限り多くの店舗から得られた量的なデータをもとに、自らの、本当にそんなに名古屋〝お値打ち〟サービスが普通に行われているものなのかという疑問を検証するとともに、その検証の結果を広く紹介したかったというのが、本書に収められた内容の出発点である。ただし、私のアプローチの仕方は、表向き掲げられた営業時間や料金、メニューなどのサービス内容をもとにしたもので、よく言えば「利用者の視点から」調べあげたものであるが、肝心の「経営者側の視点から」どのようにサービスを提供しようとしているのか、また、元は取れているのかといった、経営面への追究が甘いのは否めない。今後の課題としたい。

それでも、残念ながら電話などによる聞き取りのみでのやり取りに終わってしまった喫茶店も多かったものの、実際に足を運んだ喫茶店も数十店舗となった。余談だが、しばしば常連のお客様から、「あんたチケットも買わんと「モーニング」食べて。（まともに料金を払うんじゃなくて、チケットを買ってそれで払えば）まっと安うなるんに。」と冷やかされたのが、良い思い出である。また「スーパー銭湯」に至っては、北設楽郡、新城市にあるものを除いて、愛知県内のほぼ全店舗、延べ80軒に足を運んだ計算となる。まさしく、県内で入ったことのない「スーパー銭湯」の割合は、あと数パーセントとなった。

本書が、名古屋にお住まいの皆様にとって当たり前の文化を見つめ直す機会に、また、名古屋以外の地域にお住まいの方にとっては名古屋が誇る地域文化の一端を知る機会になることを期待したい。

最後に、本書の各章を執筆するにあたっては、

第Ⅰ章：筆者が行なった各種喫茶店のリストアップとアドレスマッチング成果をもとに、中部大学人文学部歴史地理学科「地理学実習A」（2005年度）受講生による問い合わせ調査結果も加えて、まとめた。

第Ⅱ章：同じく筆者が行なった各種喫茶店のリストアップをもとにしているが、アドレスマッチングでは、歴史地理学科学生であった池田由香莉様に尽力いただいた。池田様は、第Ⅰ章に関わる問い合わせ調査に加わった学生の一人でもある。その上で、同学科「地理学実習」（2008年度）受講生による問い合わせ調査結果も加えて、まとめた。また、一宮市の「モーニング」サービスを代表する写真をと訪れた筆者の突然の写真撮影の申し出に快諾いただいた、「カフェハウス ラティーノ」様に、深く感謝したい。

いずれの問い合わせ調査においても、数多くの喫茶店にご迷惑をおかけしてしまった。問い合わせに応じて下さった関係者の皆様に、ここに記して感謝の気持ちを示したい。

第Ⅲ章：1998年から99年にかけて松山美穂（当時名古屋大学学生）と筆者とが行なった調査成果を出発点とし、その後歴史地理学科「地理学実習A」（2004年度）、「地理学実習」（2009年度）の受講生による問い合わせ調査も加えて、まとめた。最初の調査の過程において

は、「スーパー銭湯」各店舗の経営者および設計会社社員、愛知県庁職員など、多くの人々の協力を得た。とくに最初の調査時お世話になったS店、P店の従業員の皆様、およびその後の当時快く聞き取りに応じて下さった各店舗の利用者の皆様、また、その後の問い合わせに応じて下さった各店舗の皆様に、ここに記して感謝の気持ちを示したい。

といったように、非常に多くの方々のご協力をいただいた。感謝の気持ちをお伝えするとともに、これからも各店舗が益々発展されること、また、名古屋の〝お値打ち〟サービスを守り続けて下さることを期待いたします。

また２００７年以降、私の名古屋の〝お値打ち〟サービスへの注目に目をかけ、度々記事に取り上げて下さった上、第Ⅳ章での考察などに際して様々なアドバイスまでいただいた、白石亘様をはじめとする中日新聞の皆様には、大きな力をいただきました。

平成22年2月

著者(右)。左は、第Ⅱ章のための取材でお世話になった一宮市北方町の喫茶店「カフェハウス ラティーノ」のママさん。

参考文献

（0—1）国頭義正『名古屋ケチケチ商法』講談社、１９７５年。

（0—2）名古屋に学ぶ研究会編『ここまでやるか 名古屋人』株式会社二見書房、２００４年。

（1—1）日本経済新聞社『ビジネスマンのための日経都市シリーズ』日本経済新聞社、１９８９年。

（1—2）００７名古屋商法『最強の名古屋商法 —実践編』株式会社アーク出版、２００５年。

（1—3）前掲（0—2）。

（1—4）矢野新一『都道府県別 ヒット商品の法則』株式会社青春出版社、２００４年。

（1—5）前掲（1—1）。

（1—6）前掲（0—2）。

（1—7）春日井市『かすがいの概要』春日井市、２００５年。

（1—8）青野壽朗・尾留川正平編『日本地誌第12巻 愛知県・岐阜県』二宮書店、１９６９年。

（1—9）「春日井市ＨＰ（統計資料）」（２００６年9月23日確認）

http://www.city.kasugai.aichi.jp/introduction/index.html#jinko
（1—10）谷謙二「大都市圏郊外住民の居住経歴に関する分析 —高蔵寺ニュータウン戸建住宅居住者の事例—」地理学評論—5, 1997, pp.263-286.

（1—11）鶴田佳子「中部圏三大ニュータウン」、（社）日本都市計画学会中部支部 編『幻の都市計画 —残しておきたい構想案—』樹林舎、２００６年。

（1—12）林上『都市サービス地域論』原書房、２００５年。

（1—13）「なぜ喫茶店に回転灯 遠目でも分かる『営業中』」中日新聞、２００８年1月21日付。

（1—14）読売新聞（中部版）、２００６年8月30日付。

（1―15）「外資系カフェ人気の中で『コメダ』好きなわけ」朝日新聞（名古屋版）、2009年4月1日付。

（2―1）「サザエさんをさがして モーニングサービス」朝日新聞、2009年4月25日付。

（2―2）「モーニング一位は？」朝日新聞（名古屋版）、2007年7月26日付。

（2―3）「なんでもランキング 年間喫茶代」朝日新聞、2007年9月30日付。

（2―4）山元貴継「46 一宮」、平岡昭利編『地図で読み解く 日本の地域変貌』海青社、2008年。

（2―5）松尾一『やっぱ岐阜は名古屋の植民地!?』まつお出版、2007年。

（2―6）前掲（2―5）。

（2―7）牛田正行『名古屋まる知り新事典』（株）ゲイン、2005年。

（3―1）東海銀行事業部「スーパー銭湯誕生の背景と現状分析」事業調査レポート コア、1994年10月号。

（3―2）保坂武志「東京西北部における公衆浴場分布の地図変換分析」人文地理 42-5, 1990, pp.427-441.

（3―3）厚生省生活衛生局『環衛ハンドブック』、同局、1993年。

（3―4）宮崎良美「石川県南加賀地方出身者の業種特化と同郷団体の変容 ―大阪府の公衆浴場業者を事例として」人文地理 50-4, 1998, pp.80-96.

（3―5）岡崎信用金庫「進化が期待されるスーパー銭湯」調査月報、1996年11月号。

（3―6）「沸き立つ ゆ『スーパー銭湯』競争」中日新聞夕刊、1996年5月25日付。

（3―7）白石亘「なごや特走隊 スーパー銭湯 サウナ入り放題〝発祥〟」中日新聞（名古屋市内版）、2007年9月18日付.

（3―8）副島雅行「日帰り温浴施設の市場動向と事業化のポイント」月刊レジャー産業、1998年4月号。

（3―9）前掲（3―5）。

（4―1）前掲（3―7）。

（5―1）原田隼「東京都台東区におけるマンガ喫茶の立地展開」国士舘大学地理学報告 17, 2009, pp.9-21.

山元 貴継（やまもと たかつぐ）

中部大学人文学部歴史地理学科准教授。

1972年、大阪府枚方市に生まれる。1995年、福岡教育大学小学校教員養成課程社会科専修を卒業。2002年に名古屋大学大学院文学研究科で博士（地理学）取得。また1999年より中部大学にて非常勤講師として授業を担当し、2003年より中部大学人文学部専任講師、2008年より同准教授に。現在は歴史地理学科の専門科目「日本とアジア（地理）」「地域と歴史（歴史地理学）」「地理学実習」のほか、教職科目である「社会科・地理歴史科教育法Ⅰ・Ⅱ」などを担当している。

専門は歴史地理学・文化地理学。学部生の頃より朝鮮半島を中心とした東アジアの問題に関心を持ち、農村を中心としたフィールドワークに取り組む。最近では、日本統治時代の朝鮮半島における都市および農村の変化を追究しつづけるほか、同じく植民地時代の台湾東海岸の開拓農村や、戦前—戦後の沖縄の農村景観についても研究を行っている。

著書には、いずれも共著・分担執筆であるが『江戸期なごやアトラス』（名古屋市総務局、1998年）、『世界の地域を調べる』（古今書院、2007年）、『都市の景観地理 韓国編』（古今書院、2007年）などがある。また論文は、本書に所収されたもののほか、「日本統治時代における韓国の農村地域の変容」（『人文地理』53巻2号、2001年）、「民俗マウルの世界 —慶州・良洞マウルでのフィールドワーク—」（『地理』48巻3号、2003年）、「日本統治時代における朝鮮半島・木浦府周辺の空間的変容」（『人文地理』55巻4号、2003年）など。

2004年に人文地理学会賞（論文賞）を受賞。

中部大学ブックシリーズ　Acta 14
名古屋の“お値打ち”サービスを探る
喫茶店からスーパー銭湯まで

2010年4月30日　第1刷発行
定　価　（本体700円＋税）
著　者　山元　貴継
発行所　中部大学
〒487-8501　愛知県春日井市松本町1200
電　話　0568-51-1111
ＦＡＸ　0568-51-1141
発　売　風媒社
〒460-0013 名古屋市中区上前津2-9-14 久野ビル
電　話　052-331-0008
ＦＡＸ　052-331-0512

ISBN978-4-8331-4075-1
＊装幀　夫馬デザイン事務所